UNA
FE
INCÓMODA

Libros de A. W. Tozer publicados por Portavoz:

Diseñados para adorar
Y Él habitó entre nosotros
Deléitate en Dios
Fe auténtica
Fe más allá de la razón
Los peligros de la fe superficial
El poder de Dios para tu vida
¡Prepárate para el regreso de Jesús!
La presencia de Dios en tu vida
Una fe incómoda
La verdadera vida cristiana

A. W. TOZER

Compilado y editado por James L. Snyder

UNA
FE
INCÓMODA

ESPERA QUE DIOS ALTERE TU VIDA

EDITORIAL
PORTAVOZ

Título del original: *A Disruptive Faith* © 2011 por James L. Snyder y publicado por Regal, de Gospel Light, Ventura, California, USA. Traducido con permiso.

Edición en castellano: *Una fe incómoda* © 2016 por Editorial Portavoz, filial de Kregel, Inc., Grand Rapids, Michigan 49505. Todos los derechos reservados.

Traducción: Daniel Menezo

EDITORIAL PORTAVOZ
2450 Oak Industrial Drive NE
Grand Rapids, Michigan 49505 USA
Visítenos en: www.portavoz.com

ISBN 978-0-8254-5615-2 (rústica)
ISBN 978-0-8254-6410-2 (Kindle)
ISBN 978-0-8254-8540-4 (epub)

1 2 3 4 5 edición / año 25 24 23 22 21 20 19 18 17 16

Impreso en los Estados Unidos de América
Printed in the United States of America

CONTENIDO

INTRODUCCIÓN

La adoración ya no es adoración si refleja la cultura que
nos rodea más que al Cristo que vive en nosotros.
A. W. TOZER

A lo largo de todo su ministerio, el Dr. A. W. Tozer sacaba sin cesar agua nueva de pozos viejos. Seguía la senda de aquellos que tenían hambre y sed de Dios y, a menudo, captaba indicios de sus vidas que aumentaban su propio deseo de comprender lo que significa crecer y madurar en Cristo. Lo que es aún más importante, Tozer meditaba en la Palabra de Dios hasta escuchar cómo se transmitían a su corazón las verdades divinas. Como resultado de esto, a quienes tienen su mismo espíritu, él tiene mucho que enseñar sobre el tema de la verdadera fe bíblica tal como la encontramos en el libro de Hebreos.

A Tozer le gustaba un dicho que usaban los antiguos luteranos: "La fe es una cosa perturbadora". Encontrarás esta idea a lo largo de todo este libro. En uno de los capítulos, Tozer señala que la fe es un viaje para el corazón. Contrariamente a lo que hoy día enseñan algunos, la fe no es un destino. Además, la fe no crea cosas. Aunque se dedican algunos "ministerios de fe" a enseñar a las personas cómo pueden obtener de Dios todo lo que quieran, según el Dr. Tozer, la fe no crea nada. Más bien, la fe es el órgano espiritual que nos permite ver lo que Dios ha creado. El propósito de la fe es ayudarnos a ver más allá de lo visible hasta la realidad invisible, que es Dios. Cuando las Escrituras dicen "por fe andamos, no por vista" (2 Co. 5:7), se refiere a este aspecto invisible y místico de la creación, obrada por Dios.

El tema de este libro es el aspecto incómodo y perturbador de la fe, y se divide en tres áreas distintas. Primero, para las personas que no son salvas, existe la perturbación inicial de la fe. La fe de la Biblia contradice la manera de vivir sin Jesucristo. En todos los aspectos, la fe perturba la vida de pecado y de rebelión contra Dios. Contradice todo lo que hay en el hombre natural. El principio de la fe es una perturbación, un sentido profundo de convencimiento de pecado.

Segundo, en el caso del cristiano en desarrollo, la fe perturba constantemente su complacencia. Tenemos la tendencia a volcarnos tanto en lo que hacemos que no vemos lo que ha hecho Dios. La fe nos lleva a contemplar el rostro de Dios y nos permite descansar en Él. La fe bíblica nos induce a seguir avanzando y nos reta a descansar totalmente en la obra consumada de Jesucristo.

Tercero, para el cristiano maduro existe ese camino estable de la fe, que normalmente le guía por un sendero perturbador y trastornador hacia una experiencia de Dios más profunda. Un ejemplo de las Escrituras sería el caso de los tres jóvenes hebreos, Sadrac, Mesac y Abed-nego, que fueron arrojados a un horno ardiente. Su fe les dio problemas. Lo que dijeron a Nabucodonosor es característico de quienes caminan por fe y no por vista. "He aquí nuestro Dios a quien servimos puede librarnos del horno de fuego ardiendo; y de tu mano, oh rey, nos librará. Y si no, sepas, oh rey, que no serviremos a tus dioses, ni tampoco adoraremos la estatua que has levantado" (Dn. 3:17-18). Aunque su fe les llevó al horno, también les permitió superar aquella espantosa prueba. En medio de aquel fuego experimentaron, por fe, la presencia real de Dios.

A lo largo de la historia, los hombres y las mujeres de fe han tenido problemas. Si caminas por fe, irás en sentido contrario al mundo. La fe desafiará tus circunstancias y te incitará a avanzar en una dirección: seguir en todo momento el liderazgo del Espíritu Santo.

Es evidente que la opinión del Dr. Tozer sobre este concepto de fe era muy distinta a la de quienes dicen que mediante la fe podemos tener el tipo de vida que queramos. Tozer creía que la fe genuina produce una inquietud que empieza a alejarnos de esta vida y nos prepara para la venidera. La obra y el ministerio del Espíritu Santo en la vida del creyente tienen este objetivo en todo momento: llevar a los hijos de Dios a la gloria.

Este libro, *Una fe incómoda*, es un tesoro tanto para el cristiano que apenas ha comenzado la carrera de la fe como para el creyente veterano que se acerca ya a la línea de meta. Como todo buen profesor, el Dr. Tozer siempre nos encamina bien. Tozer ofrece soluciones para soslayar los obstáculos inevitables de nuestro triple enemigo: el mundo, la carne y el diablo, y nos transmite las verdades claras sobre lo que hace falta para seguir avanzando en un mundo que está en nuestra contra y para acabar bien la carrera. Su exposición de la vida de fe, extraída del libro de Hebreos, te animará a cruzar la línea de meta y alcanzar la victoria.

James L. Snyder

1

El origen de nuestra fe cristiana

*Pero alguien testificó en cierto lugar, diciendo: ¿Qué es el hombre,
para que te acuerdes de él, o el hijo del hombre, para que le visites?*
Hebreos 2:6

¿De dónde proviene nuestra fe cristiana? Dependiendo de la respuesta, una persona avanzará en la dirección correcta o en la equivocada. Lamentablemente, hay muchos maestros que, si bien no dan respuestas erróneas, como mínimo ofrecen respuestas incompletas a esta pregunta vital y, en definitiva, descarrían a sus oyentes.

Para empezar, sostengo que la fe auténtica empieza por entender el lugar que ocupamos en el pensamiento de Dios. El escritor de Hebreos preguntaba: "¿Qué es el hombre, para que te acuerdes de él, o el hijo del hombre, para que le visites?" (He. 2:6), citando el Salmo 8:4. Aunque, en realidad, esto es una sola pregunta, quiero exponerte algunas cuestiones básicas acerca de su interpretación.

Primero, no se trata de una pregunta académica formulada solamente con el deseo de debatir. Las Escrituras no se prestan a estudios meramente académicos. Se trata de una explicación. El hombre de Dios mira al cielo, se siente conmovido por lo que ve y plantea a Dios esta pregunta: "¿Qué es el hombre?". Saber lo que Dios piensa de nosotros es el comienzo de nuestro viaje de fe.

En segundo lugar, al escudriñar las Escrituras nunca encontrarás nada destinado a satisfacer la mera curiosidad. Dios no respalda la mera especulación. Descubrirás que, en la Biblia, todo es práctico, moral y espiritual. Cada libro de la Biblia tiene un propósito específico. Por ejemplo, el propósito concreto del libro de Hebreos es tomar a hombres y mujeres que estaban alienados de Dios y reconciliarlos con Él. Sencillamente, el mensaje de Hebreos es hacer buenos a los pecadores: tomar a hombres que no piensan en su vida futura y convencerles para que se interesen por su destino.

Fijos en la mente de Dios

El verbo "acordarse" en la pregunta "¿Qué es el hombre, para que te acuerdes de él?" implica que el hombre es una idea fija en la mente de Dios y que este se acuerda sin cesar de él. La debilidad que siente nuestro gran Dios por la humanidad es su única excentricidad, y lo digo con suma reverencia. Puedo entender por qué Dios hizo la mayor parte de las cosas que sé que hizo. Me resulta fácil entender por qué podría hacer determinadas cosas. Sin embargo, resulta extremadamente difícil comprender por qué Dios ama a la humanidad y por qué esta se encuentra siempre presente en sus pensamientos. Este es uno de los fenómenos más extraños de todo el universo.

Un concepto asociado con esto es la incapacidad de Dios para librarse de la carga que siente por la raza humana. Si bien es una carga autoimpuesta, sigue siendo una carga. La humanidad está fija en la mente de Dios como un clavo clavado en una madera dura, y Dios no puede eludirla. No creo que Dios quiera eludirla, pero sé que la naturaleza de Dios es tal que no puede hacerlo. El amor que siente Dios por la humanidad es doloroso; es una herida del corazón. La traición del hombre le ha herido profundamente, pero está atrapado en las dulces y dolorosas redes de su propio amor. Su corazón está "atravesado", por así decirlo, por el gran amor que siente por la humanidad.

Creo que esto es así. Lo creo con mi vida, con mi predicación, con mis oraciones. Creo que podemos decir que "Dios se acuerda de la humanidad". De la misma manera que una madre está pendiente de sus hijos, Dios se acuerda de los hombres, pero infinitamente más, porque es posible que una madre rechace a su hijo y lo olvide. Normalmente, el amor de una madre permanece; pero, a veces, incluso el amor materno se acaba. Sin embargo, el amor de Dios no tiene fin. Dios sigue atrapado en la red de su propio amor poderoso. La humanidad, a pesar de su traición, de todos sus pecados, su temeridad y su maldad, sigue siendo una idea fija en la mente de Dios.

El hombre es la imagen de Dios, su orgullo, su responsabilidad y su problema. Es todo esto. Dios no duerme, pero estoy seguro de que, si lo hiciera, no podría dormir porque estaría acosado por la traición humana y atrapado en la red de su amor por la humanidad y del orgullo que siente por ella. Se siente responsable del hombre, aunque, sin duda, no puede existir una responsabilidad moral. El hombre renunció a todo eso cuando pecó. Sin embargo, Dios acepta la responsabilidad. Bajo la carga de esta, Dios dice: "He aquí, yo estoy oprimido debajo de vosotros como está oprimida una carreta llena de gavillas" (Am. 2:13, LBLA).

A pesar de la fragilidad humana

Fue la fragilidad humana la que indujo al salmista a decir: "Cuando veo tus cielos... digo: ¿Qué es el hombre...?" (Sal. 8:3-4). Por supuesto, esta pregunta debe responderse desde el punto de vista de Dios.

La perspectiva bíblica sostiene que el hombre se parece a la hierba, a las flores, al aire que inspiramos y luego espiramos, y desaparece. Se le compara a la niebla que cubre las colinas por la mañana, pero desaparece en cuanto sale el sol. Se le asemeja a una flor que florece y es hermosa, y que provoca las exclamaciones de deleite de quienes la ven. Sin embargo, al cabo de pocos días está marchita, mustia, ya no gusta a nadie. El hombre es como la hierba que crece por la mañana y se seca antes de que llegue la noche.

David, un hombre conforme al corazón de Dios, declaró: "y ciertamente, *vive* Jehová y *vive* tu alma, que apenas hay un paso entre mí y la muerte" (1 S. 20:3). El hombre, en toda su plenitud, solo está a un paso de la muerte. Sin embargo, esta frágil criatura está siempre en el pensamiento de Dios.

¿Por qué el Dios eterno debe verse atrapado por el amor de algo que es tan frágil? No lo sé. Solo sé que es así.

Lo único equiparable a la fragilidad del ser humano es su ignorancia. La evidencia de esa ignorancia nos rodea. La vemos en la idolatría y en las filosofías.

Las cinco preguntas sin respuesta son: *¿De dónde venimos? ¿Cómo llegamos aquí? ¿Qué somos? ¿Por qué estamos aquí?* y *¿Adónde vamos?* Estas preguntas no se pueden responder a menos que acudamos a la Biblia en busca de respuestas. El hombre, en su ignorancia, no puede saberlo y jamás descubrirá las respuestas por sí mismo.

> Venimos al universo sin saber por qué,
> ni adónde vamos, cual arroyo caprichoso;
> y nos vamos, cual el viento en el páramo,
> sin saber adónde, soplando veleidoso.[1]

No sabemos de dónde vinimos ni cómo llegamos aquí. Está claro que tenemos información sobre nuestro nacimiento, pero ignoramos el misterio que permite que nazca una vida humana.

---

1. Edward FitzGerald (1809–1883), de *The Rubáaiyat of Omar Khayyam*.

No sabemos que estamos alejados de Dios. No sabemos por qué estamos aquí, aparte de lo que leemos en el Nuevo Testamento; y no sabemos adónde vamos.

Desde el punto de vista humano, su propia fragilidad obstaculiza que se le ame. Sin embargo, su fragilidad humana no puede impedir que Dios piense en él constantemente. La razón humana dicta que su propia fragilidad debería expulsarle del ámbito del amor y, sin embargo, el amor de Dios supera cualquier indicio de indignidad por parte del ser humano.

A pesar de la iniquidad humana

La fragilidad humana no es lo peor que se puede decir de nuestra raza. Entiendo por qué Dios puede amar aquello que es frágil. Entiendo que Dios puede amar lo que es ignorante, pero no entiendo cómo Dios puede amar lo que es inicuo. Sin embargo, la iniquidad del hombre y su amor se encuentran en el mismo párrafo y, a veces, en el mismo versículo.

La historia es la formulación de cargos contra el ser humano. Si la lees, encontrarás evidencias de que el hombre es extremadamente perverso. Nuestra conducta cotidiana es evidencia de nuestra culpa. Cualquier teólogo que no crea en la caída de la raza humana y en su iniquidad solo tiene que leer el diario matutino o escuchar el último noticiario en la radio. La conducta habitual del ser humano es toda la evidencia que necesita el mundo. Dios tiene que acusar al hombre porque este es culpable y se ha traicionado precisamente en lo mismo que le hace parecido a Dios. Se ha traicionado en pensamiento, verdad y virtud. Se ha traicionado espiritual, intelectual y moralmente. Ha demostrado que no es digno de vivir.

Hay quien no entiende por qué Dios permite que las personas mueran. Lo que yo no entiendo es por qué Dios permite que vivamos, porque el hombre ha renunciado a todo derecho a la vida debido a su iniquidad. Sin embargo, a pesar de todo esto, el hombre es un pensamiento fijo en la mente de Dios, quien no puede ignorar el gran amor que siente por la raza humana.

Una vez, un joven me dijo que no podía creer ni comprender cómo Dios podía amarle. Luego leyó en Génesis 6:6 que Dios vio la maldad humana y se lamentó en su corazón. Dijo: "Entendí que solo el amor puede dolerse, y que uno no se duele a menos que ame". Podemos sufrir de muchas otras maneras. Un hombre puede romperse una pierna y sufrir, o puede perder sus bienes y sufrir. Pero nadie puede sufrir de verdad a menos que ame. Cuando mi amigo leyó que el hombre había hecho sufrir a Dios en su corazón, supo que Dios le amaba. Este es un buen razonamiento y una manera adecuada de ver las cosas. Dios nos ama, porque si no, nunca sufriría por nosotros.

En las Escrituras, a Jesús se le llamó "varón de dolores" (Is. 53:3). ¿Cuáles fueron los dolores que soportó Jesús? ¿Cuál fue el sufrimiento en su mente, en su corazón? Fue nuestro dolor, el sufrimiento por nuestros pecados. Este sufrimiento no conoce alivio alguno y hace que Dios esté inquieto y preocupado. Todos los actos de misericordia divina nacen de ese dolor en su corazón. Su misericordia no es fruto de una imposición; nace del amor. Decir: "No creo que Dios me ame, porque no soy digno de ello", sería como un campo que dijera: "Que no llueva sobre mí. No soy digno".

Cuando las nubes están cargadas de lluvia, no preguntes si el campo es digno; cuando se reúnen ciertas condiciones, llueve pase lo que pase, y llueve sobre justos e injustos (Mt. 5:45). Llueve sobre las calles de la ciudad y los prados del campo. Así es el amor de Dios. Él te ama no porque seas digno, sino porque Él es Dios y no puede dejar de pensar en ti. Eres un ser depravado espiritualmente, ciego intelectualmente y corrupto moralmente. Pero Dios dice: "yo nunca me olvidaré de ti" (Is. 49:15). Yo lo creo y fundamento mi vida en esta verdad.

Hace años solíamos cantar un antiguo himno titulado "Dulce es la promesa 'No te olvidaré'", de Charles H. Gabriel (1856-1932):

> Dulce es la promesa "No te olvidaré",
> nada puede mi alma perturbar;
> aunque la noche sea oscura en el valle,
> más allá reluce la luz del día eterno.
>
> Confiando en la promesa "No te olvidaré",
> seguiré adelante con himnos de gozo y amor;
> aunque el mundo me desprecie,
> y mis amigos me abandonen,
> me recordarán en mi hogar celestial.
>
> Cuando esté en el portal de oro,
> mis tribulaciones y tristezas ya pasadas,
> ¡qué dulce oír la proclamación bendita
> "Entra, siervo fiel, bienvenido al hogar"!
>
> No te olvidaré ni te dejaré,
> en mis manos te sostendré,
> en mis brazos te acogeré,
> no te olvidaré ni te dejaré;
> soy tu Redentor, cuidaré de ti.

Cuando un hombre padece un dolor intenso que no cede, ya sea en su cuerpo o en su corazón, no lo olvida. Cuando alguien muere, nos lamentamos. Se convierte en una idea fija en nuestros corazones y no olvidamos a esa persona. El sufrimiento en el corazón de Dios es todo el recordatorio que Él podría necesitar de que somos ignorantes, inicuos, frágiles, que estamos alienados e indefensos. La pasión que siente Dios por el ser humano, siendo pura, conduce a la redención de la humanidad. Dios ha extendido su mano hacia nosotros. Como somos una idea fija en su mente, nos visitó. "¿Qué es el hombre, para que te acuerdes de él, o el hijo del hombre, para que le visites?" (He. 2:6).

Lo que impulsa el propósito de Dios

Hablamos de la historia y decimos que Dios obra en la historia de la humanidad. Pero, detrás del desarrollo del propósito de Dios para el ser humano está el misterio insondable de su amor por nosotros.

Permíteme ofrecerte un par de ejemplos. Digamos que una pareja joven se está preparando para casarse. Se conocen desde hace seis meses o quizá un año. La relación ha ido progresando lentamente y, ahora, se van a casar. Ha llegado el día de la boda, se han dispuesto los regalos, se han comprado las flores. Todo está preparado y la novia está a punto de ponerse su vestido. Se sienta con calma y, con mirada inexpresiva, dice: "Esta tarde me casaré. Es el desarrollo en la historia del plan de mi marido". Si la vieras allí sentada, hablando del desarrollo histórico del plan masculino, pensarías que no tenía personalidad.

Alguien podría decir: "¿Qué te pasa, querida? ¿No le amas?". No hablamos del matrimonio en estos términos, sino con el lenguaje de la emoción, del sentimiento, del amor.

En cierta ocasión, cuando estaba de visita en la ciudad de Nueva York, vi a una pareja que llevaba a un bebé en una canasta. Calculo que tendría unos nueve meses, y, cuando salieron del restaurante Toffenetti's, todo el mundo que pasaba miraba al bebé y sonreía. Incluso los neoyorquinos más encallecidos lo miraban y sonreían. No tardé mucho en localizarlo y, cuando le miré y le hice guiños, se rió. ¿De dónde salió ese bebé?

Los biólogos, los fisiólogos y los demás trazarían gráficas para explicar de dónde salió ese bebé. Eso es lo mejor que saben hacer. Pero el misterio tras su nacimiento nunca se conocerá, aunque se pueda explicar la parte física. Esta es una manera terrible de pensar en un bebé: como un antropoide bípedo. Normalmente pensamos en un bebé en términos de afecto, calidez y amor. Un bebé criado en un laboratorio rodeado de científicos con espejitos en lo alto de la cabeza sería un robot, no un ser humano. Los bebés necesitan amor.

Los científicos han analizado todo esto y nos han informado de que no deberíamos amar a un bebé. Si llora, deberíamos dejarlo llorar. Deberíamos enseñarle a depender de sí mismo. Mi esposa y yo no prestamos atención a este tipo de consejos. Amábamos a nuestros bebés y les permitíamos depender de nosotros. Poco después de eso, los científicos invirtieron su opinión y ahora enseñan justo lo contrario. Dicen que, por encima de todo, debes amar a tus hijos.

¿De verdad hace falta decirle a una madre que ame a su bebé? ¿Es necesario enviarla a la escuela para que aprenda a amar a su bebé? Lo único que tiene que hacer es ver al pequeñín allí tumbado, arrugado y sonrosado, chupándose el dedo. Solo tiene dos horas de vida, pero su madre está encantada con él y, de inmediato, piensa que se parece a su esposo. Ama al bebé sin que ningún científico tenga que explicarle cómo hacerlo.

Mi anciana abuela holandesa siempre decía: "Todos los cuervos piensan que sus pollos son los más negros". No hace falta que nos enseñen a amar a nuestros hijos. Les amas porque son tus hijos, no necesariamente porque sean adorables.

El amor satisfecho

¿Qué llevó a Jesucristo a la muerte? Las Escrituras dicen: "le visites" (He. 2:6). ¿Por qué nos visitó? ¿Fue para cumplir su propósito eterno? Sí, pero esa no es la manera de enfocarlo. Nos visitó porque somos una idea fija en su mente. Vino por nosotros como una madre se despierta por la mañana y entra corriendo en la habitación para ver si su bebé está bien. Fue el amor lo que le llevó a morir. El amor intenso e inquieto de Dios se encarnó en un ser humano. Esto explica el carácter de Cristo y su actitud hacia las personas, así como su trabajo incansable a favor de las mismas. En última instancia, esto explica por qué murió por la humanidad. Nunca hubiera muerto solamente para cumplir un propósito en la historia. Si Dios hubiera colgado una gráfica en la pared y hubiera dicho: "Ni de esta manera ni de esta otra, sino de esa...", dudo que Cristo hubiera muerto tan solo para cumplir con unas directrices. Sin embargo, murió para satisfacer el deseo de los corazones. Eso ya es otra cosa. Por eso murió, y eso es lo que nos dio el Calvario.

El gran sufrimiento de nuestro Señor por nosotros le llevó a venir a la tierra. El Calvario fue sufrimiento; los clavos fueron dolorosos. Y estar allí colgado, sudando bajo el sol intenso, rodeado de moscas, debió ser una experiencia dolorosa, terrible. Pero el primer dolor era mayor que el segundo, y le impulsó a soportar el dolor menor. El dolor mayor era el de su amor. Nos amó y murió por nosotros. Soportó el dolor de la muerte porque el dolor mayor del amor manifestaba su amor por nosotros; y nosotros nos volvimos, le miramos, nos alejamos y le ignoramos. Amar y no ser correspondido es uno de los dolores más tremendos en todo el repertorio de los dolores. Así que Él vino, vivió, amó y murió; y la muerte no pudo destruir ese amor. Sigue siendo una idea fija en su mente. Pero, algún día, ese amor se verá satisfecho plenamente.

¿Alguna vez has meditado sobre este pasaje maravilloso de las Escrituras? "Verá el fruto de la aflicción de su alma, y quedará satisfecho; por su conocimiento justificará mi siervo justo a muchos, y llevará las iniquidades de ellos" (Is. 53:11). ¿Qué quiso decir con esto el escritor? Quería decir lo mismo que dijo Jesús cuando dijo: "La mujer cuando da a luz, tiene dolor, porque ha llegado su hora; pero después que ha dado a luz un niño, ya no se acuerda de la angustia, por el gozo de que haya nacido un hombre en el mundo" (Jn. 16:21). Esto es lo que dicen las Escrituras de Jesús: "Verá el fruto de la aflicción de su alma, y quedará satisfecho" (Is. 53:11).

Dónde comienza nuestra fe

Mientras peca, el ser humano provoca dolor al corazón de Dios. Cuando se aparta de sus pecados y acude a Dios, proporciona satisfacción al corazón de Dios. Todo el mundo le proporciona una de dos cosas: o dolor o satisfacción en su corazón. A Cristo le duele tu rechazo o le agrada tu aceptación. Es feliz y está satisfecho porque te ha encontrado, o se siente entristecido de que aún no le hayas encontrado.

Recuerda que el ser humano es una idea fija en la mente de Dios. Está allí para siempre. Dios no puede librarse de esa idea eterna. La raza humana está allí. Estamos allí incluso si hay dolor en su corazón o hay alegría. Yo, por mi parte, quiero alegrar al Señor Jesucristo.

El fundamento de mi fe en Dios consiste en saber que soy una idea fija en su mente. Ahí es donde empieza mi fe, y es donde comienzo a entender el lugar que ocupo en el pensamiento de Dios. Cuando entiendo lo que piensa Dios de mí, esto me inicia en el camino de la fe. Puedo confiar en aquel que tiene en mente mi máximo beneficio durante el periodo más largo de tiempo imaginable.

Confiando en Jesús
Edgar P. Stites (1836-1921)

Confiando cada día, sin más,
confiando en medio del vendaval;
aun cuando mi fe sea escasa,
confiar en Jesús y nada más.

Confiar cuando el tiempo es fugaz,
confiar cuando los días se van;
confiar pase lo que pase,
confiar en Jesús y nada más.

Derrama su Espíritu la luz
sobre mi pobre corazón;
si Él me guía, no caeré,
confiar en Jesús y nada más.

Cantando si el camino está expedito,
orando si el camino oscuro está;
en el peligro a Él puedo clamar;
confiar en Jesús y nada más.

Confiar en Él mientras dure la vida,
confiar en Él hasta que pase el mundo;
hasta tocar aquel muro de jaspe;
confiar en Jesús, nada más.

2

LA CONFIRMACIÓN DE NUESTRA FE

Dios, habiendo hablado muchas veces y de muchas maneras
en otro tiempo a los padres por los profetas, en estos
postreros días nos ha hablado por el Hijo, a quien constituyó
heredero de todo, y por quien asimismo hizo el universo.
HEBREOS 1:1-2

El libro de Hebreos enseña que Dios habla por medio de su Palabra, por el Hijo eterno. Entender el propósito de las Escrituras nos ayudará a incorporarlas en nuestra vida cotidiana. Sencillamente, el propósito de las Escrituras es certificar y confirmar en el cristiano aquella fe que fue entregada una vez a los santos. Partiendo de esto comprendemos que el lugar que ocupe la Palabra de Dios en la vida del cristiano determina la calidad y la autenticidad de su fe.

La fe cristiana no es tanto lo que dices que crees, sino lo que manifiestas con tu comportamiento coherente. Mi fe cristiana siempre se revelará en mi conducta cristiana cuando yo sea menos consciente de ello. Hoy día se dicen muchas cosas sobre la fe que no tienen ningún contexto escritural. En la práctica, al "hombre de fe" se le exalta como si fuera una celebridad cristiana. Esto es una contradicción, que no solo desafía la enseñanza clara de la Biblia, sino también la historia de la Iglesia y la biografía cristiana.

La fe auténtica e inconmovible

El propósito supremo del libro de Hebreos, la razón por la que el Espíritu Santo inspiró al autor a escribirlo, fue la de confirmar en la fe a los vacilantes hebreos cristianos.

No acepto la idea de que el libro de Hebreos fuera escrito para inconversos. Esto es una herejía surgida por la necesidad de rebatir otra herejía. Cuando aparece una herejía, tiene que surgir otra para ocultarla y, luego, otra mayor que las dos anteriores para taparlas. Pronto tendremos toda una cadena de herejías. Para dar lugar a creencias equivocadas, algunos hermanos explican que el libro de Hebreos no va dirigido a cristianos sino a personas que estaban cerca de la salvación, pero que no la habían alcanzado. Pero Hebreos fue escrito para confirmar en su fe a los hebreos cristianos. Y la manera en que fueron confirmados fue diciéndoles que Cristo, el Hijo eterno, es el todo en todos. El escritor hace un gran esfuerzo para demostrar esta suficiencia plena de Cristo.

Un camino nuevo y vivo

Nos fortalece saber que, si bien el cristianismo surgió del judaísmo, no depende en absoluto de este. Jesús, nuestro Señor, dijo: "Y nadie echa vino nuevo en odres viejos; de otra manera, el vino nuevo romperá los odres y se derramará, y los odres se perderán" (Lc. 5:37). Lo que quiso decir es que no se puede verter el cristianismo en el judaísmo.

Existía un gran abismo entre el judaísmo y el cristianismo, entre el judaísmo del Antiguo Testamento (el orden mosaico) y el cristianismo. Un hombre nace de su madre, pero crece para hacerse adulto y, cuando su madre fallece, sigue adelante independientemente de ella, a pesar de que nació de ella. De la misma manera la fe cristiana nació del judaísmo, pero es independiente de este, aunque descansa en el mismo Señor en quien se fundamentaba el judaísmo. El judaísmo presagió el cristianismo, pero el cristianismo no dependió ni depende del judaísmo.

El libro de Hebreos se alza sobre su propia fortaleza grandiosa: un templo donde se encuentra para siempre el Hijo eterno, el sumo sacerdote de Dios. Esta carta empieza con la palabra "Dios". Empieza donde comienza todo, en Dios. Génesis es el gran libro de la creación y empieza diciendo: "En el principio creó Dios" o "Dios, en el principio". Este libro de Hebreos es el gran libro de la redención y comienza con la palabra "Dios".

Todas las cosas empiezan y acaban en Dios: el tiempo y el espacio, la materia y el movimiento, la vida y la ley, la forma y el orden, todos los propósitos y todos los planes, toda sucesión y toda procesión. Todo nace de Dios y acaba volviendo a Él. Debemos abrir nuestros ojos para ver que todo lo que no empieza y acaba en Dios no es digno de nuestra atención, porque hemos sido hechos a imagen de Él. Personalmente, creo que el concepto abarca aun más que esto. Incluso puede que sea una trampa para nosotros. Todo interés que no se centra en Dios es, en última instancia, nuestro enemigo. Fuimos creados para Dios, hechos a su imagen, y nuestra meta principal es servirle, admirarle, adorarle y disfrutar de Él para siempre.

Por consiguiente, todo lo que haces o planeas hacer, o todo aquello que te interesa, que no empieza en Dios, es una trampa para ti y es el resultado de la caída del hombre, de tu caída en Adán. Todo plan, proyecto, actividad, toda filosofía que puedas adoptar, toda creencia que tengas, cualquier motivación en la vida que no empiece y acabe en Dios, son tus enemigos. Ten cuidado de no ponerte del bando de la mortalidad. A nosotros, los hijos de la luz y de la eternidad, Dios nos llama a vivir vidas inmortales. Es decir, se nos llama a vivir a la luz de la inmortalidad. Debes tener mucho cuidado de no escuchar el canto de sirena de este mundo, que quiere alejarte de la contemplación de cosas inmortales para entregar tu tiempo a la mortalidad y ponerte de su parte.

Sin contradicciones

Fíjate en estas palabras: "Dios, habiendo hablado... en otro tiempo" (He. 1:1). Cuando se escribieron estas palabras, Dios llevaba hablando a la raza humana más de 4.000 años. La raza se había alejado de Dios, había huido del huerto y no se comunicaba con Él. La raza humana tenía sus dioses y sus altares, y murmuraba sus oraciones. Estaba alienada de Dios y no pensaba en Él. Dios solo era una tradición. La voz que sonó un día en el huerto guardaba silencio; no es que estuviera callada en realidad, sino que ellos no la escuchaban. De modo que las épocas podrían haberse prolongado hasta que el ser humano y la naturaleza murieran y dejaran de ser. Pero Dios vino y habló, rompiendo el silencio. Habló a Adán en el huerto; habló después del Edén; habló a Noé, a Abraham y a David, a lo largo de los años. Por consiguiente, todos los profetas desde el inicio del mundo escucharon la voz de Dios. Dios hablaba, como dicen las Escrituras en este pasaje: "de muchas maneras en otro tiempo".

Dios habló a diversas personas en distintos momentos, pero sus palabras siempre encajaban con lo que había dicho antes. Si prestas demasiada atención a una palabra y te obligas a examinarla y analizarla, pronto tendrás en la mano un escarabajo muerto, y no podrás creerte lo que eso significa. Lo mismo pasa con las Escrituras. Si presionamos mucho, profundizamos en exceso y la examinamos demasiado, sobre todo, si no caminamos bajo su luz, para nosotros se vuelve tinieblas.

Además, la Biblia hay que interpretarla bien, algo que Pedro alaba de Pablo definiéndolo como la sabiduría que Dios le dio. Dijo de Pablo: "casi en todas sus epístolas, hablando en ellas de estas cosas; entre las cuales hay algunas difíciles de entender, las cuales los indoctos e inconstantes tuercen, como también las otras Escrituras, para su propia perdición" (2 P. 3:16). Como Pablo dijo: "Procura con diligencia presentarte a Dios aprobado, como obrero que no tiene de qué avergonzarse, que usa bien la palabra de verdad" (2 Ti. 2:15), los maestros de la Biblia han sacado sus bisturís, sus cuchillos y sus hachas de carnicero, y llevan usándolas toda una generación, cortando la Santa Palabra de Dios en porciones, seccionándola en partes y exponiéndola, temblorosa y sangrante, sobre el tajo.

Ten en cuenta que toda la Biblia es para ti y para mí. Puede que no hable solamente de ti y de mí, pero es para nosotros. Esta es una de las normas permanentes del Instituto Bíblico Moody, y es una buena regla que conservar en la memoria. Cuando Dios habló a diversas personas en distintos momentos, sus palabras siempre estuvieron de acuerdo con todo lo que había dicho y diría.

Algunos han intentado presentar diferencias de opinión entre Pablo y Santiago. Dicen que Santiago creía en las obras y Pablo, en la fe. Pero lo que no saben es que Pablo creía en la fe y en las obras, y Santiago creía en las obras y en la fe. Ambos creían en la fe y en las obras, pero lo expresaban de formas ligeramente distintas. Uno veía que intentábamos creer sin obedecer y el otro, que intentábamos obedecer sin creer; y ambos reprendieron a los primeros cristianos por cometer este error.

Siempre que Dios se dirige a las personas, dice lo mismo. Dios, siendo uno solo y hablando siempre desde esa naturaleza, siempre dice lo mismo a todo el mundo. Habla de la misma gracia, el mismo amor, la misma justicia, la misma santidad, la misma rectitud y la misma bondad. El Padre, el Hijo y el Espíritu Santo hablan desde su propia naturaleza única; siempre que hablan al hombre dicen lo mismo.

Con el paso de los años, he percibido una revelación cada vez más amplia y creciente. El Señor habló en misterios a la serpiente.

Habló de una lucha entre la serpiente y la simiente de la mujer. Habló de una cabeza aplastada y un talón herido del Campeón victorioso que habría de venir. Dijo a Eva que padecería dolor en sus partos, y le anunció cuál sería su estatus social, su lugar dentro de la familia. A Adán le habló de una tierra maldita y de la necesidad de trabajarla y, por último, de la llegada de la muerte. A Caín y Abel les habló del perdón por medio del sacrificio. A Noé le habló de la gracia y del orden natural en el gobierno. A Abraham le habló de la venida de la simiente, del Redentor que vendría para hacer expiación por la raza. A Moisés le dio la ley y el orden levítico, y le habló del profeta venidero que sería como Moisés, pero, al mismo tiempo, muy diferente y muy superior a él.

La misma voz, un método distinto

De modo que Dios habló "en otro tiempo" y "de muchas maneras". Siempre dijo lo mismo, pero no siempre lo expresó con las mismas palabras. Alguien te puede llamar a voz en grito por encima de la valla, o telefonearte, o enviarte un telegrama, escribirte una carta, susurrarte al oído o gritarte. Es la misma persona la que intenta comunicarse contigo, pero de diversas maneras dependiendo de las circunstancias. Así que Dios habló y lo hizo "de muchas maneras". Ese adverbio, "muchas", es un término antiguo que significa "diferentes". Habló de maneras diferentes a distintas personas y en momentos distintos.

Adán y Eva

Dios habló a Adán y Eva con una voz suave y cariñosa mientras caminaba en el huerto durante el frescor del día. No sé qué opinas, o si alguna vez has pensado en ello, pero yo nunca seré un hombre totalmente feliz hasta que escuche esa voz de nuevo y sepa que nunca estaré lejos de su presencia. Esa voz amable de Dios, que suena en el huerto en medio del frescor de la mañana, sonará un día por todo el universo y hará que todos sus hijos rescatados sean uno.

Abraham

Dios también habló con Abraham, cuando estaba sumido en un profundo sueño. No me preguntes cómo habló, porque no lo sé. El tema de la técnica que emplea la inspiración siempre se me escapa. Ojalá pudiera hacer lo que hacen algunos de mis hermanos tan cultivados: decidir qué quieren creer sobre cierto tema y, luego, con toda tranquilidad, descartar todas las otras evidencias. ¡Sería tan tranquilizador saberlo todo, que nadie nos molestara y nunca estar confundidos y poder decir "No me preguntes. Señor, tú lo sabes, yo no"! Yo no sé cómo Dios habló a un hombre sumido en un sueño profundo. Además, no lo sabe nadie; solo hay unas pocas personas que creen que lo saben. Sea como fuere, Abraham escuchó la voz de Dios y lo puso por escrito.

Moisés y los profetas

Luego tenemos a Moisés. Dios habló a Moisés desde la zarza ardiente; habló en el monte; habló al escribir con su mano en las tablas de piedra. Y hubo profetas que escucharon hablar a Dios en sueños y visiones, y Dios les habló mediante señales y símbolos. Pero en todo momento Dios, quien el mundo piensa que guarda silencio, nunca estuvo callado. Es un gran error creer en el silencio de Dios. Dios solo está callado cuando los hombres no escuchan. La voz de Dios resuena en este mundo sin cesar, y el hombre que la escucha puede ser profeta, apóstol, misionero, reformador, evangelista o maestro de la Biblia.

La inspiración de las Escrituras

Nadie puede creer con mayor certidumbre que yo en la inspiración de las Escrituras. Las Escrituras, que hablan claramente a quienes tienen oídos para oír, pueden permanecer en silencio durante mil años, leídas por mentes que no pueden escuchar y que nunca sabrán lo que dicen. El eunuco etíope iba viajando, leyendo del libro de Isaías —uno de los capítulos más claros en todas las Escrituras (Is. 53:7-8)—, y aun así no tenía idea de lo que significaba. Hizo falta que el Espíritu Santo se acercarse a él y, hablando por medio de Felipe, se lo revelara (Hch. 8:26-35).

El entendimiento viene por medio del Espíritu Santo

Creo que es posible que yo lea mi Biblia, y que la lea regularmente, y aun así no saber qué quiere decir hasta que oiga una voz que me habla desde las Escrituras. Cuando escucho esa voz, esta nunca dice nada que se contradiga a sí misma, sino que habla por medio de las Escrituras. La voz es una trompeta mediante la cual habla el Dios Todopoderoso. Puedes traducir y retraducir sus palabras de muchas maneras, pero si no eres capaz de escuchar su voz tocando la trompeta, más te valdría no tener siquiera la trompeta.

Hoy día tenemos muchísimas traducciones de la Biblia, y eso está bien. Que sigan viniendo. Soy el mayor cliente del mundo frente a una nueva traducción. En cuanto sale una al mercado, la tengo que conseguir. Tengo estanterías llenas. No me ayuda una más que otra, porque me doy cuenta de que Dios puede decirme que haga algo de cuarenta maneras distintas.

El Señor me dice: "Ve y pídele al hermano García que te perdone". Para salir de mis dificultades solo hay una cosa que yo pueda hacer: acercarme al hermano García y pedirle que me perdone, humillarme y pedirle perdón. Puedo decirlo de la manera moderna y desenfadada de la traducción *Philips*. Puedo decirlo en el lenguaje noble de la versión *King James*. Puedo expresarlo en la desordenada versión de la *New English Version*. Puedo decirlo de la manera que yo prefiera, pero eso no supone ninguna diferencia. Si no voy al hermano y le pido que me perdone, le he fallado a Dios y a mí mismo. De modo que para mí no supone ninguna diferencia la traducción que uses. Dicho sea de paso, no creo que el diablo haya traducido jamás la Biblia. No creo haber aceptado ninguna Biblia traducida por el diablo, a pesar de mis hermanos inquietos que intentan hacerme pensar que el diablo ha traducido las Escrituras.

Lo que quiero decir es esto: Dios habló "de muchas maneras"; habló a diversas personas de distintas formas. Entonces, Dios hizo que algunas cosas fueran escritas en el Libro. Y ese Libro es la prueba final de toda doctrina, toda moral, toda ética cristiana, todos los credos de este mundo y del mundo venidero. El Libro puede estar muerto como una piedra hasta que oímos una voz que habla por medio ese libro, hasta que el Espíritu Santo hace que cobre vida en nuestros corazones. Las Escrituras deben entenderse por medio del Espíritu Santo que las inspiró. En algunas versiones dice "en muchos fragmentos". Creo que tienen razón en el sentido de que el proyecto era imperfecto y estaba incompleto, y todo conduce a algo y espera algo. Ahora estoy pensando en el Antiguo Testamento. El Antiguo Testamento es como una casa sin puerta. Le falta algo. "En estos postreros días", dice el Espíritu Santo, Dios "nos ha hablado por el Hijo" (He. 1:2).

Jesús es el Verbo eterno

Dios, que en otros tiempos habló a los profetas, nos habla ahora por medio de su Hijo. Antes, habló por medio de muchas voces, pero ahora habla por medio de una sola, la voz de su Hijo Jesucristo, nuestro Señor. Ignorar esa voz, la de Jesucristo, es ignorar la voz de Dios. Jesús anticipó esto durante su ministerio y dijo: "Yo soy el camino, y la verdad, y la vida; nadie viene al Padre, sino por mí" (Jn. 14:6). Ahora, el Camino se ha convertido en la Voz.

Me gusta pensar que el Verbo de Dios es filial, si podemos usar esta palabra. Dios habló filialmente. Habló por medio de su Hijo a su pueblo, y al Hijo se le llama el Verbo. Dios habló y María concibió, y el Verbo se hizo un bebé y luego un hombre. Era Dios el que hablaba. Era el Hijo eterno, la generación eterna del Hijo, que existía antes que el mundo. El Hijo eterno del Padre, igual al Padre, era menos que el Padre en su humanidad, pero igual al Padre en su deidad: eterno, igual, de una misma sustancia con el Padre. Ahora se hizo carne y, cuando se encarnó, no dejó de ser lo que había sido: el Verbo, el medio a través del cual Dios habló a su universo y por medio de quien habla ahora.

Al leer los Evangelios y el resto del Nuevo Testamento, descubrirás que el Espíritu de Jesucristo está ahí y los ha inspirado. No escuchas solo palabras, sino al Verbo eterno. No ves solamente luz, sino la luz que alumbra a todo hombre que viene al mundo (Jn. 1:4). Escuchas una voz procedente de otro mundo. No es un eco, sino una voz de otro mundo. Anteriormente habló usando muchas voces, pero ahora habla con una. El mensaje del libro de Hebreos es que Jesucristo es Dios que habla. Ya no habla de una forma dispersa, vacilante, imperfecta, sino de una manera clara, audible, plena y definitiva. El mensaje para todos los que creen hoy, en todos los lugares donde hay fe, es que tenemos un Sumo Sacerdote, el Hijo eterno.

Es donde se alza el templo celestial,
la casa de Dios no hecha de manos,
un gran sumo sacerdote lleva nuestra naturaleza,
y aparece el Guardián de la humanidad.[1]

Dios te habla

En lugar de ocultarse como lo hizo Adán, detrás de los árboles del huerto, algunos se esconden tras el árbol de la teología; otros se camuflan tras el árbol de la filosofía o de la razón. Todo el mundo debe salir de detrás de esos árboles y permitir que Dios

1. Michael Bruce (1746-1767), "High the Heavenly Temple Stands".

hable. Dios nos ha hablado por medio de su Hijo y lo que dice no es nada filosófico, no es nada procedente de una mente racional, sino del corazón. La cuestión del Hijo eterno y su relación con nosotros, y nuestra relación con Él, es un tema moral, relativo a la conciencia y la conducta, la obediencia y la lealtad. Jesucristo, que aparece como alguien tan grande en el libro de Hebreos, es mayor que los ángeles, mayor que Moisés, mayor que Melquisedec, mayor que todos los sumos sacerdotes. Y todo nuestro futuro está puesto en Él, y Él está implicado en el futuro de todos nosotros. No podemos escapar de Él; no podemos apelar a Dios al margen de Jesucristo.

Entre tanto, estamos en un vacío. Sin embargo, no existe semejante vacío entre un Dios que habló y un Dios que hablará, pero que ahora guarda silencio. Nunca, en ningún momento de la historia, se ha producido este paréntesis, ni tampoco hoy. El Dios que habló sigue hablando, y las palabras que habla te juzgarán en el día final.

El Dios que habló sigue haciéndolo ahora y seguirá hablando. Nos dice que debemos examinarnos a nosotros mismos. Debemos poner nuestra confianza en la sangre derramada y en el cuerpo partido. Y debemos creer en el gran Sumo Sacerdote que ha subido a los cielos, con nuestros nombres en su pecho, sus manos y sus hombros, para ser nuestro Sumo Sacerdote por siempre a la diestra de Dios. Debemos creer hasta que cumpla sus propósitos para esta dispensación, y luego regrese para llevarnos a su presencia, donde escucharemos esa voz sin intermediarios de ningún tipo. Será la voz de Dios que nos hablará directamente, y la entenderemos y conoceremos la voz del Pastor y contemplaremos su rostro, y su nombre estará en nuestras frentes.

Un cristiano seguro de su fe es el resultado de la obra confirmadora del Espíritu Santo por medio de la Palabra de Dios. De esta confirmación procede una fe auténtica que pone al creyente en armonía con el eco de la voz de Dios, que habla en esta época.

Precioso es el Libro divino
John Fawcett (1740-1817)

¡Cuán precioso es el Libro divino,
dado por inspiración!
Brillan sus doctrinas con fulgor
para guiar nuestras almas al cielo.

Es la luz que desciende de lo alto
para iluminar nuestro mundo oscuro;
muestra el amor sin límite del Salvador,
y nos acerca sus glorias.

Muestra al hombre sus caminos torcidos
y donde ha puesto sus pies,
y manifiesta la gracia incomparable
de un Dios perdonador.

Sobre el camino recto y estrecho
derrama sus rayos radiantes;
una luz, que nunca mengua,
brilla al final con más potencia.

Anima dulcemente el corazón cansado
en este valle de lágrimas;
imparte vida, luz y gozo,
y sofoca nuestros temores.

Esta lámpara, en la noche tediosa,
guiará nuestra vida en el camino
hasta que veamos la luz más clara
de un día eterno.

3

LA FE CONTEMPLA EL ROSTRO DE DIOS

*Porque convenía a aquel por cuya causa son todas las
cosas, y por quien todas las cosas subsisten, que habiendo
de llevar muchos hijos a la gloria, perfeccionase por
aflicciones al autor de la salvación de ellos.*

HEBREOS 2:10

Dios, siendo soberano, no tiene que dar cuentas a ningún ser humano de su conducta, y no tendrá que presentarse ante el tribunal de ningún juicio humano. Sin embargo, Dios ha hecho al hombre un ser racional, y no encajaría con la mente racional del hombre verse siempre enfrentado a cosas irracionales. Por consiguiente, frecuentemente Dios revela los motivos por los que hace las cosas. No lo hace porque Él, en su soberanía, tenga que darnos cuentas a ti y a mí, sino porque decide darnos algunas respuestas, habiéndonos honrado al hacernos a su imagen. De modo que las Escrituras dicen "convenía a aquel". Y nos demuestra cómo pudo ser.

La gran verdad de la encarnación de Cristo, la condescendencia de la segunda persona de la Trinidad y el sufrimiento de su muerte, deben justificarse ante la razón del hombre. No es que el ser humano pueda conseguir jamás que Dios se justifique ante él. Esto es descabellado. Dios no da cuentas a nadie. Dios no tiene que justificarse ante nadie. Aun así, Dios dice: "Todo lo que he hecho es propio de mí". "Es propio de mí" es el antiguo significado del verbo "convenir", lo cual significa que lo que ha hecho es apropiado. Es lo correcto.

Es un acto idóneo y pertinente. Soy perfectamente feliz de que Dios haga cosas que no puedo entender. Anhelo alegremente que Dios pilote el avión en mi lugar, que accione la máquina por mí, que gestione mi vida en mi lugar, que haga planes para mí. Estoy perfectamente de acuerdo en que haga todas estas cosas, porque sabe cómo hacerlas y yo no. Él tiene el poder y yo no. Sin embargo, al estar hecho a imagen de Dios, tengo una mente que debe saber por qué se ha hecho determinada cosa, o al menos saber que no era irracional.

Él hace bien todas las cosas

Para conservar mi equilibrio intelectual es necesario que comprenda que, lo que Dios ha hecho, lo ha hecho bien. Para mi salud moral es necesario que me levante por la mañana y sepa que, vayan como vayan las cosas, todo irá bien. Puede ser bueno y favorable para mí o puede ser desfavorable. Si es bueno y favorable, será por la gracia de Dios. Si es desfavorable para mí, será que Dios me disciplina. De modo que, de una u otra manera, todo irá bien.

El apóstol Pablo dijo: "Mas si el vivir en la carne resulta para mí en beneficio de la obra, no sé entonces qué escoger. Porque de ambas cosas estoy puesto en estrecho, teniendo deseo de partir y estar con Cristo, lo cual es muchísimo mejor" (Fil. 1:22-23). Debemos tener este tipo de fe y no depender de las cosas que vemos. Nunca debemos apoyarnos en nada. Cuando veo a un hombre apoyado en un edificio, sonrío. Supongo que está descansando, pero el edificio no lo necesita y está desperdiciando mucho tiempo. Nosotros no edificamos sobre nada ni intentamos adivinar nada. De modo que te advierto que no intentes explicar los caminos de Dios.

Dos tipos de cristianos

Básicamente, hay dos tipos de cristianos. Hay quienes siempre nos dicen que disponen de una "buena fuente". Dicen: "Todavía no hay noticias sobre esto, pero sabemos de buena fuente que harán esto y lo otro". Se imaginan que tienen una línea directa con los propósitos de Dios. Por ejemplo, cuando alguien se cae y se rompe una pierna, inmediatamente alzan las cejas y dicen: "¡Huy, huy! Lo sabía. Sabía que Dios le iba a disciplinar". Pero no saben nada. No son más que individuos insignificantes y malvados a quienes no les gusta esa persona y se alegran de que se haya roto una pierna. Pero son lo bastante piadosos como para querer encontrar un buen motivo para el accidente. No intentes hacer eso, porque si nuestro vecino se rompe una pierna y dices que fue porque no asistía a la iglesia, no practicaba el diezmo o no tenía vida de oración, ¿qué harás cuando seas tú quien se rompa la pierna? Sería un poco embarazoso.

El otro tipo de cristiano es aquel que deja todo en manos del Señor y no intenta explicar los caminos de Dios, porque esos caminos están por encima de su capacidad de entendimiento.

A veces Dios nos honra con informes dirigidos a nuestra inteligencia, y dice: "Conviene que yo haga esto. No te preocupes, lo estoy haciendo bien". Yo creo esto. Vivo de esta manera y creo que Dios hace las cosas bien. "El Juez de toda la tierra, ¿no ha de hacer lo que es justo?" (Gn. 18:25), dijo Abraham. ¿Cómo descubrió esto Abraham?

Si alguien hubiera dicho estas palabras en el siglo XVII o en el XX, habría tenido a sus espaldas varios miles de años de revelación bíblica. Habría contado con los sermones de los grandes predicadores y con la enseñanza de los grandes reformadores.

Habría tenido a todos los profetas, los salmistas y a Moisés. Habría contado con los apóstoles y habría conocido la venida de Cristo al mundo. Si hubiese hablado en el siglo XIX o en el XX, habría contado con todas esas cosas. Y, con razón, podríamos haber dicho: "Lo ha entendido todo". Pero fue Abraham quien lo dijo. Y no contaba con una sola línea de las Escrituras. Nunca había oído cantar un himno. En su vida había escuchado un solo sermón, ni estado en una reunión de oración. Nunca había asistido a una conferencia donde se enseñara la Biblia, ni había estado rodeado de hijos de Dios. Había venido de un hogar pagano en Ur de los caldeos y, de repente, su mente se iluminó: "Dios tiene que hacerlo bien. El Juez de la tierra no puede estar equivocado". Esta creencia se convirtió en un pilar sólido en la vida de Abraham. Hoy día, nosotros debemos responder a la pregunta: "El Juez de toda la tierra, ¿no ha de hacer lo que es justo?", con un jubiloso "¡Sí!". El Juez de la tierra hará lo correcto.

La fuente de la mayor parte del mal

Una verdad básica de la Biblia es que la fuente de la mayor parte del mal radica en tener una mala opinión de Dios. En el libro de Salmos se nos revela esta verdad. "Si veías al ladrón, tú corrías con él, y con los adúlteros era tu parte. Tu boca metías en mal, y tu lengua componía engaño. Tomabas asiento, y hablabas contra tu hermano; contra el hijo de tu madre ponías infamia. Estas cosas hiciste, y yo he callado; pensabas que de cierto sería yo como tú; pero te reprenderé, y las pondré delante de tus ojos" (Sal. 50:18-21). Siempre intentamos hacer a Dios a nuestra imagen y rebajarle a nuestro tamaño. Estoy seguro de que hay muchos diáconos que piensan que Dios es un Diácono especialmente grande y muy inteligente y bueno. Intentan hacer que Dios piense como ellos.

No es mi misión intentar hacer que Dios piense como yo;

mi misión es intentar pensar como Él por medio de la oración y de la meditación. Dios me hizo a su imagen; no puedo hacerle a la mía. Debo recordar el modo en que Dios trata al mundo, a la Iglesia y a mí, y manifestar una aceptación total de Dios en estas áreas. Debo decir a mi corazón: "No intentes mejorar a Dios. Deja que Dios sea como es. Y todo lo que hace es propio de Él. Haga lo que haga, es correcto que lo haga Él. Conviene a Dios ser de esa manera. Y no intentes cambiarle".

Cuando recordamos que todo lo que Dios hace lo hace de una manera totalmente sabia, de modo que no haya error posible, nos sobreviene una paz inmensa en el corazón, y crecemos y nos fortalecemos espiritualmente. Él es perfectamente justo, de modo que no hay injusticia posible. Es perfectamente fuerte, de modo que la debilidad y el fracaso son imposibles. Debemos tomar esto como el fundamento sobre el que edifiquemos. Nadie construye sobre la arena. Hay que excavar por debajo de ella para llegar hasta la roca madre. La ciudad de Nueva York está levantada sobre una gran cornisa de piedra, un cimiento sólido. Para llegar hasta allí tuvieron que usar explosivos y atravesar la roca. Esto es bueno, porque sin duda la elevada concentración de habitantes, con todos esos edificios que se levantan hacia el cielo, harían que se hundiera cualquier cimiento endeble. Nadie puede hundir una roca, y Dios es nuestra roca.

Estas cosas acerca de Dios son la roca sobre la que estamos firmes. Por lo tanto, la salvación es el plan infinitamente sabio de Dios que este llevó a cabo con una bondad perfecta y una precisión impecable, para alcanzar una consumación infinitamente eficaz.

Dios obra en su perfecta bondad

Permíteme desgranar esto y decir sencillamente que Dios, siendo infinitamente sabio, tiene un plan para nosotros. Dios lleva a cabo ese plan con una bondad perfecta. No hay ni el más mínimo rastro de malicia; todo se lleva a cabo con una bondad perfecta.

Una vez alguien escribió un artículo sobre los cristianos y sobre la exquisita malicia del pueblo de Dios. No me gusta decir esto, y quisiera no tener que decirlo, pero no recuerdo haber estado en ningún lugar donde haya visto una malicia más elaborada que en las iglesias del pueblo cristiano. Sin embargo, el pueblo cristiano tiene la habilidad de disimularla.

Pensemos en un pecador. Tira su cigarrillo a la cloaca, te maldice en voz muy alta y retumbante, y te dice, en pocas palabras, adónde te tienes que ir. Los cristianos son demasiado educados como para hacer esto. A un cristiano nunca lo pillarían haciendo una cosa tan espantosamente grosera. El cristiano baja la voz y, con un tono piadoso, despelleja a esa persona sin que esta se dé cuenta siquiera de que la han puesto del revés. Los cristianos tienen el estilo más piadoso y perfecto imaginable y, todo el mundo, menos Dios, piensa que somos buena gente. Debemos apartarnos de esto.

Todo lo que hace Dios es perfectamente bueno y lo hace sin ningún fallo. Sin embargo, existe una consumación que representa el fin de todas las cosas. Uno de estos días llegaremos a experimentarla.

Para llevar a la gloria a muchos hijos

Fíjate en este pasaje que la operación eficaz de la obra de Cristo es doble: traer a los pecadores a la salvación y llevar a los hijos a la gloria. "Por tanto, id, y haced discípulos a todas las naciones, bautizándolos en el nombre del Padre, y del Hijo, y del Espíritu Santo; enseñándoles que guarden todas las cosas que os he mandado; y he aquí yo estoy con vosotros todos los días, hasta el fin del mundo. Amén" (Mt. 28:19-20). Nuestro mandamiento es el de ir a todo el mundo y convertir almas. Es decir, llevar a los pecadores a la salvación. Luego llevarlos a la iglesia e instruirlos, y en eso consiste llevar a hijos a la gloria. Dios lo hace mediante su Palabra, su disciplina, su castigo, la oración y la comunión con los santos. Lo hace de muchas maneras para llevar a muchos hijos a la gloria.

Cuando te convertiste, no te dieron un diploma que dijera "Esta persona, tras cumplir todos los requisitos, recibe ahora este diploma de salvación". No sucedió así. Cuando te convertiste, naciste de nuevo. Eras un pecador que se hizo cristiano. Te convertiste en un hijo o una hija, pero no en un hijo o una hija "completos". No eras un hijo o hija "acabados". Ese momento no era más que el comienzo, y el Señor te llevó hasta allí para conducirte a la gloria.

La regeneración solo es el principio

Muchos cristianos bienintencionados han desarrollado lo que llamaré un punto de vista distorsionado sobre la conversión. Muchos enfatizan que es lo único que importa; pero la regeneración es solo el principio de una nueva vida, y donde hay vida hay crecimiento. Donde ya no hay crecimiento, la vida empieza a morir. Mientras somos jóvenes y vamos hacia arriba, crecemos. Cuando dejamos de crecer, empezamos a menguar. A nadie le gusta escuchar esto. Nos gusta pensar que somos renovados día tras día. En cierto sentido es verdad, pero en otro sentido no es así. La regeneración es el principio de una vida, y la santificación es el desarrollo de esa vida mediante el Espíritu Santo, la sangre, la Palabra, la fe, la oración, la disciplina, el trabajo duro y la tribulación. Debemos alimentarnos. Pedro dijo que, como los niños recién nacidos, debemos tomar la leche espiritual no adulterada (1 P. 2:2).

Una vez me puse a dieta. A pesar de que no creo que la gente deba automedicarse, lo hago constantemente. Me puse a hacer una dieta que consistía en beber solo leche. No tomaba leche de esa semidesnatada, sin grasa: era leche entera de la buena. Bebía casi seis litros al día. Pensé que estaría mejor si la tomaba caliente. Dos litros para desayunar, dos para almorzar y dos para cenar. No tomaba postre ni nada más. Durante todo ese tiempo oraba sin cesar, iba a convenciones y pedía que siempre me sirvieran lo mismo. Fuera donde fuese y cuando estaba en casa, dos litros de leche por comida. Cuando acabé, había ganado casi ocho kilos y nunca me había sentido mejor en toda mi vida. No recomiendo esta dieta a nadie, porque algunos se sienten bien como están y no quieren subir ocho kilos de peso. La leche es un buen alimento y las Escrituras dicen que has de tomar la leche no adulterada de la Palabra. Si la tomas, crecerás. Los bebés crecen tomando leche, y este el motivo de que seamos regenerados, que podamos crecer, con el propósito de llevar a muchos hijos a la gloria.

Siempre creciendo

Los cristianos no son productos acabados; son hijos de Dios en proceso de crecimiento. Un hombre contempla a su bebé de un año y cree que es maravilloso. Pero si ese niño tuviera el mismo aspecto a los tres años, el padre se preocuparía. Y si a los cinco años pareciera tener uno, su padre sabría que algo iba tremendamente mal. Por lo tanto, cuando Dios contempla a un nuevo cristiano y le oye decir: "Abba, Padre", se siente complacido. Pero, al cabo de cinco años, si no ha pasado del "Abba, Padre", estoy seguro de que el corazón de Dios se preocuparía. Si después de 15 años de ir a la iglesia solo es capaz de decir "Abba, Padre", estoy seguro de que el Espíritu Santo se sentiría triste y pesaroso. Dios quiere que crezcamos. Quiere que nos desarrollemos y maduremos. Lo que importa no es nuestra estatura, sino nuestra madurez. Por lo tanto, somos hijos en transición. Somos edificios que se van levantando. Somos cuadros que otro pinta. Somos hijos que avanzan hacia la madurez.

Tentado en todo, pero sin pecado

Para llevar esto a cabo, Dios hizo que el Capitán de nuestra salvación fuese perfecto. Los hijos de Dios son un ejército liderado por un Capitán, y el Líder de nuestra salvación fue perfeccionado mediante el sufrimiento. Puede que digas: "¿Pero como es que el Señor Jesucristo tuvo que perfeccionarse? ¿Es que no nació perfecto? ¿No era Dios de Dios y luz de luz? ¿No fue dicho de Él "el Santo Ser que nacerá, será llamado Hijo de Dios"? (Lc. 1:35). Sí. Era todo eso y más de lo que podríamos decir jamás. Pero, como hombre, tuvo que ser perfeccionado.

¿Qué significa esto? No quiere decir que tuviera que perfeccionarse moralmente. Cuando hablamos de nosotros, sí que significa esto, pero no cuando hablamos de Él. Significa que debía completar su humanidad. Debía perfeccionarse mediante la plenitud de la humanidad. Una cosa debe ser probada; nada es válido hasta que se ha sometido a prueba. Nada es perfecto hasta que se prueba. Un niño criado en la guardería hasta los 21 años no sería perfecto, a pesar de ser un ejemplo de todo lo que es hermoso en un ser humano gracias a las maravillas de la ciencia, una dieta adecuada y equilibrada, y el aire acondicionado. Podría ser fuerte, sano y vigoroso, pero estaría muy lejos de ser un hombre. Sería blando como un pastelito de crema. Imagínate enviarlo al ejército o la Marina. Moriría antes de la medianoche. Debes contar con algo más que un simple crecimiento; necesitas pasar por pruebas que te lleven a la perfección.

El roble que crece en la colina y soporta la tormenta año tras año se fortalece. Sus raíces se hacen más profundas y fuertes porque el viento, la lluvia, los rayos y la tempestad lo perfeccionan.

Del mismo modo, Jesucristo, nuestro Señor, que era puro

hasta el punto de ser santo, sin culpa, sin mancha y apartado del pecado, y más alto que los cielos más altos, no podría haber sido el Cristo si no hubiera sido más que un hombre perfecto criado en un invernadero. Tenía que ser más que eso; tenía que pasar por todas las experiencias humanas posibles. La tempestad debía abatirse sobre Él tanto como lo hacía sobre sus discípulos. Las tormentas debían caer sobre su persona. Debía sentir hambre; debía sufrir, ser maldecido y expulsado como les pasó a ellos. Tenía que ser aborrecido como ellos, caminar hasta agotarse, tumbarse y dormir. Tenía que levantarse por la mañana y experimentar lo desagradable que es ponerse en marcha después de una noche de descanso. Tenía que conocer todo esto. Sintió todo lo que afectaba a sus hermanos. De modo que existe una comunión empírica perfecta entre Jesucristo y nosotros.

A menudo me he preguntado cómo los reyes, presidentes y autoridades en esos lugares elevados que jamás han transitado por el camino del sufrimiento pueden entender a su pueblo. Un hombre como Abraham Lincoln conocía a su pueblo. Pero no sé como un hombre como John F. Kennedy, que nació entre algodones, podía comprender a su pueblo. ¿Como iba a conocerlo? No conocía la vida como lo hace el muchacho que vive en una granja en Pennsylvania. Pero Jesús sí conocía lo mismo que su pueblo, porque fue uno de ellos. Nació en un establo, creció en una carpintería y jugó con los niños de su edad en los callejones. Cuando fue lo suficientemente mayor, ayudó a su padre; escuchó la predicación de Juan, fue bautizado, lleno del Espíritu Santo, y luego salió y trabajó entre los hombres. Durmió bajo los árboles por las noches y no tuvo dónde reposar su cabeza, y a veces sintió hambre. Pasó por todas esas experiencias. Se identifica perfectamente con las nuestras.

Fijémonos que dice: "Porque el que santifica y los que son santificados, de uno son todos; por lo cual no se avergüenza de llamarlos hermanos" (He. 2:11). No se avergüenza de llamarlos hermanos. Somos uno con Él. A veces me gusta arrodillarme, con un estado de ánimo reverente, y recordarme que Él es mi hermano, que está sentado a la diestra del Padre.

Cristo fue perfeccionado por medio del sufrimiento. Hay cosas que no puedes conocer a menos que hayas padecido. Ojalá no tuviera que escribir esto. A veces me embarga la sensación inquietante de pensar que ojalá no tuviera que decir siempre la verdad. Sería maravilloso decir cosas estupendas y contar a la gente qué buenos son. Los demás me felicitarían y me dirían: "Ha sido maravilloso. ¡Me siento mucho mejor!". Pero lo cierto es que hay algunas cosas que no podrás conocer a menos que sufras.

Quiero decirlo ahora y decirlo bien claro: hay algunas imperfecciones que no perderás a menos que sufras. Nunca conocerás algunas verdades hasta que hayas padecido en tu corazón, en tu cuerpo o en ambos. Y algunos misterios no los entenderás hasta que hayas llevado la cruz y hayas caído bajo su peso. Por lo tanto, más vale que nos preparemos para sufrir.

Algunos piensan que el cristianismo es un patio de juegos. Se equivocan. No es un patio de recreo, sino un campo de batalla. Es un campo donde los hombres trabajan y un campo de batalla donde luchan. Está al lado de una autopista donde los hombres caminan, no conducen. Más vale que afrontemos esta verdad. Pero gracias a Dios hay gracia, mucha gracia. Hay gracia suficiente para todo el mundo, y Él nunca permite que nadie sufra o sea tentado más allá de lo que es capaz de soportar. Con cada tentación, Él ofrece una salida. Mientras haya una vía de escape, no tenemos que preocuparnos por lo demás.

Recuerda que a Dios no le avergüenza sufrir. Y no se avergüenza de ti, ni siquiera cuando sufres. A veces puedes sentir vergüenza de ti mismo. Puede que hagas muecas de dolor, que gimotees y te sientas avergonzado, pero Él no se avergüenza de ti. Él sabe por lo que estás pasando. Pasó por ello en persona.

Por lo tanto, Dios hizo que el Capitán de nuestra salvación fuera perfeccionado por medio del sufrimiento.

Mark Twain dijo: "He vivido mucho y ahora soy anciano, he padecido muchas cosas y he tenido muchos problemas, la mayor parte de los cuales nunca llegaron a suceder". En eso tenía razón. La mayoría de nuestros problemas no suceden. Padecemos pensando que llegarán; por consiguiente, podemos aliviar la intensidad de nuestro miedo si no lo sentimos. Dios tomará esas tentaciones y esas tribulaciones que padecemos y adquirirá para nosotros una corona de vida. Aunque permite que el diablo llegue hasta nosotros, no se le permite que nos haga daño.

Ahora Dios espera llevar hijos a la gloria. ¿Te preocupa ser un cristiano que crezca? ¿Te preocupa ser un cristiano que madure? ¿Sabes lo que significa cantar "Anhelo, oh, ser santo, anhelo ser santo, conformarme a su voluntad y a su Palabra. Quiero ser amoroso y semejante a Cristo. Quiero ser como mi Señor"? O "Ayúdame a ser santo, Padre de la luz. Agobiado y humillado por el pecado, me inclino en tu presencia. ¿Como osará una conciencia sucia mirarte a la cara? Y a pesar de eso, me concedes un lugar en tu presencia".

Si pensara que un simple 20 por ciento de los integrantes de la Iglesia deseara sinceramente ser santo, sería un hombre feliz y satisfecho. Espero haber subestimado a mis hermanos. Espero que haya más personas que realmente quieran llegar a la gloria y que colaboren con Cristo, buscando conocer a Dios y dispuestos a pagar el precio que sea para conocerle, ascender, elevarse, madurar, crecer, fortalecerse. Este debería ser el corazón latente y anhelante de la Iglesia. "Oh, ser como tú, bendito Redentor". Este debería ser el lema de la Iglesia, porque Él procura llevar hijos a la gloria. Y lo hará de una u otra manera.

Cooperemos con Él, de modo que hacerlo nos ahorre tiempo, sufrimiento y problemas. Porque, cuanto más colaboremos, menos tendremos que sufrir. Pero todos nosotros tendremos que padecer en cierta medida. Y esto conviene a Dios. Por lo tanto, no culpemos a Dios ni nos quejemos. "¿Acaso un Dios santo no hará el bien?". Hace el bien, y con las circunstancias siendo lo que son... y siendo el infierno lo que es, y dónde está... y siendo nosotros como somos... y siendo el cielo lo que es... Dios tiene razón cuando lleva a muchos hijos a la gloria por medio de nuestro líder perfecto, Jesucristo, y a nosotros por medio del sufrimiento.

Si queremos ver el rostro de Dios, debemos mirar más allá de nuestras circunstancias actuales. Debemos descansar en la fidelidad de Dios y pensar que todas las cosas que están ante nosotros obrarán para nuestro bien. Esta es la fe que se eleva por encima de todo lo demás y nunca se detiene hasta que contempla plenamente el rostro de Dios. Este es el lugar de nuestra comunión destinada con Dios. La fe auténtica descansa plenamente en esa mirada del alma.

Mi búsqueda de Dios debe trascender la razón humana, aunque nunca la contradiga. Conocer a Dios supone confiar plenamente en Él. Para buscar a Dios debemos mirar más allá de las circunstancias, con una fascinación santa, para contemplar a aquel que nos ama. La mirada del alma siempre debe centrarse en Dios.

¡Oh, ser como tú!
Thomas Obediah Chisholm (1866-1960)

¡Oh, ser como tú, bendito Redentor!,
es mi deseo y oración constante.
Renuncio alegre del mundo a los tesoros,
Jesús, por parecerme a ti.

¡Oh, ser como tú! Lleno de compasión,
amante, tierno y dulce, perdonando,
al débil ayudando, al cansado animando,
en busca siempre del pecador perdido.

¡Oh, ser como tú! Manso de espíritu,
santo y bondadoso, paciente y valeroso;
sufriendo con paciencia el cruel reproche,
dispuesto a padecer para salvar a otros.

¡Oh, ser como tú! Señor, a ti acudo
por recibir tu unción divina ahora;
lo que soy y lo que tengo traigo,
Señor, pues desde ahora tuyo es.

¡Oh, ser como tú! Mientras te ruego
derrama de tu Espíritu, lleno de amor;
hazme un templo digno de que a él vengas,
adécuame a la vida y al cielo eternal.

¡Oh, ser como tú! Ser como tú,
bendito redentor, puro cual eres;
ven con tu dulzura y con tu plenitud,
graba tu imagen en este corazón.

4

NUESTRA FE DESCANSA SOBRE SU OBRA

Por tanto, queda un reposo para el pueblo de Dios. Porque el que ha entrado en su reposo, también ha reposado de sus obras, como Dios de las suyas. Procuremos, pues, entrar en aquel reposo, para que ninguno caiga en semejante ejemplo de desobediencia.
HEBREOS 4:9-11

La calidad de nuestra fe cristiana es directamente proporcional al grado en que descansemos en Dios, que es el resultado de aceptar por completo su obra consumada. El descanso en Dios, que se nos expone en Hebreos, tiene cuatro vertientes: un descanso moral, uno espiritual, uno interno y un descanso que satisface. Todas las facetas de este descanso nacen de la obra concluida de Jesús. La mayoría de cristianos intenta frenéticamente ser lo que Dios quiere que sean, pero no lo serán hasta que descansen, es decir, dejen de esforzarse por entrar en la obra consumada del Señor.

Por qué podemos descansar

La Biblia dice muy claramente que nadie tiene derecho a descansar hasta haber concluido su trabajo. "Porque a la verdad David, habiendo servido a su propia generación según la voluntad de Dios, durmió" (Hch. 13:36). Y el Señor trabajó hasta que pudo

49

decir "He acabado la obra que me diste que hiciese" (Jn. 17:4). El descanso viene después del trabajo, según la voluntad de Dios. Según el hombre, el descanso y el trabajo están tan mezclados que el ciudadano medio nunca se cansa. Pero en la Biblia no es así. Trabajamos y, cuando concluimos el trabajo, nos lavamos las manos y decimos: "Gracias a Dios que ha acabado el trabajo". Entonces podemos sentarnos y descansar.

El argumento que presenta la Biblia sobre el reposo es que Dios quiere que acabemos el trabajo y descansemos. Esto se nos muestra en Génesis, cuando se habla de la creación de todas las cosas. Y Él entró en su reposo después de haber concluido la obra necesaria. Es decir, su reposo fue un cese del trabajo, porque eres consciente de que el trabajo es algo negativo, no positivo. Recuerdo una vez cuando alguien, con la esperanza de poder ayudarme, me dijo: "Tozer, lo que necesita usted es un descanso intensivo". Sonreí al escuchar eso. Imagino a un hombre con los músculos tensos, los nudillos blancos, intentando con todas sus fuerzas reposar. Y lo hacemos, pero no es un verdadero descanso.

Dios entró en su reposo, es decir, dejó de hacer algo. En eso consiste el reposo, en el cese del trabajo. El descanso es su consecuencia lógica. Cuando hay que hacer un trabajo, nadie tiene derecho a descansar hasta haberlo concluido. O bien hace el trabajo esa persona o tendrá que hacerlo otra en su lugar.

El papel de la fe y de la obediencia

Dios ofreció Palestina a los judíos y les dijo: "Todo esto es vuestro. No tendréis que plantar viñas; todo está plantado para vosotros. No tendréis que limpiar los campos; todos los campos están limpios y vallados. No tendréis que reunir rebaños, porque están por todas partes. La tierra fluye leche y miel. Hay abejas, y las viñas dan fruto. Todo está dispuesto para vosotros. Y yo expulsaré de la tierra a los habitantes indignos, que no merecían vivir en ella. Y os voy a entregar todas estas cosas gratuitamente. El trabajo ya está hecho".

Israel se negó y le falló a Dios una y otra vez. Debido a su incredulidad, se negaron y renunciaron a su descanso. De modo que, después de todos estos años, el libro de Hebreos fue escrito para hablar basándose en esta historia de Israel. Había un reposo que podría haber sido la posesión de los judíos. Podrían haberlo tenido. Era suyo. Dios les ofrecía Palestina porque ya se había hecho un trabajo, y lo único que tenían que hacer era entrar en la tierra, desempacar sus bienes y asentarse. El descanso era suyo gracias al trabajo de otros. Israel reaccionó a esta oferta con incredulidad y nunca ocupó toda la tierra. Entraron y salieron de ella y, a veces, fueron esclavizados por sus habitantes. Nunca tuvieron la fe o la obediencia necesarias para entrar, conquistar la tierra y acceder al reposo de Dios.

Por qué el reposo elude al hombre

Hebreos sigue diciendo que existe otro reposo que se nos ofrece en el evangelio. Y no se trata de un descanso nacido de tener ya rebaños de vacas, casas ya edificadas, fuentes que ya fluyen y huertos que ya dan fruto. Se trata de un descanso espiritual del que los otros reposos (por ejemplo, que los israelitas entrasen en la Tierra Prometida) no fueron más que un símbolo. Es un descanso del corazón. Este es el resto de la pregunta "¿Qué voy a hacer con el pecado?". Tiene que ver con la santidad, y "¿Cómo voy a presentarme al gran Dios todopoderoso en aquel día venidero? ¿Cómo voy a presentarme en aquel día terrible del juicio, ante el trono de fuego, teniendo pecado en mi corazón? ¿Cómo voy a satisfacer la justicia, que exige que muera por mis pecados? ¿Cómo voy a pagar mi deuda moral? Soy un hombre que tiene una deuda inmensa".

Si estuvieras en deuda con el gobierno por no haber pagado tus impuestos, tendrías motivos para estar preocupado. Sin embargo, si alguien viniera y te dijera: "Mira, debes 10.000 dólares en impuestos que no has pagado y el gobierno te presiona cada día; voy a encargarme del asunto en tu lugar. Pagaré tu deuda. Aquí tienes el recibo". Sin duda descansarías, ¿no? Te relajarías por primera vez y dormirías bien por la noche. Dirías: "Ya no me inquieto cuando veo a un agente de policía. Ya no pienso que viene por mí. Lo único que hace es caminar por la calle, en busca de criminales, y yo no lo soy. He obtenido la paz mental; he entrado en mi reposo. No el mío, sino el de otro". Eso es exactamente lo que enseña aquí la Biblia.

El descanso del cristiano se basa en la obra de otro. No es su propia obra, porque es algo que nunca podría hacer. Es la obra de otro, capaz de obtener ese descanso, de conseguirlo. El cristiano no es capaz, porque nadie lo es. Tú y yo no podemos solventar el problema que supone haber ofendido a la santidad. No podemos solucionar el problema de haber ofendido a la justicia. No podemos cancelar los pecados cometidos y la deuda moral. No podemos, y es imposible que podamos, porque lo mejor que podríamos hacer sería dejar de pecar ahora mismo y no aumentar la deuda. Pero no podemos devolver un solo centavo de la deuda que ya hemos contraído. La deuda que tenemos es tan grande que nos mandaría al infierno, de modo que debemos pagarla antes de poder descansar. Tenemos una deuda que no podemos pagar, no a un gobierno sino al Dios todopoderoso, al Dios eterno. Cuando la convicción de esa verdad llega al fondo del corazón, es lo que llamamos "convencimiento de pecado".

Creo que la Biblia es clara cuando afirma que no podemos pagar nuestra propia deuda. Lo máximo que podemos hacer es pagar de ahora en adelante, pero ni siquiera podríamos hacer esto hasta haber satisfecho todos los impuestos atrasados.

Entonces, ¿qué sucede? Hay alguien que viene y entrega su vida, el justo por los injustos, que paga la deuda que no contrajo e incluye en esa deuda todas las nuestras. Es la propiciación por la santidad violada; hace expiación por la justicia que se ha quebrantado. Hace todas estas cosas; es capaz de hacerlas. Y todo el libro de Hebreos defiende la capacidad de Jesús, el hecho de que puede hacer todo esto. Hacer una promesa es una cosa, pero otra muy distinta es ser capaces de cumplirla. Y Jesús ha hecho justo eso.

Nuestro Señor Jesús vino y dijo: "He aquí que vengo, oh Dios, para hacer tu voluntad, como en el rollo del libro está escrito de mí" (He. 10:7). ¿Fue capaz de hacerlo? El libro de Hebreos declara contundente y lógicamente que sí pudo hacerlo. "Habiendo efectuado la purificación de nuestros pecados por medio de sí mismo, se sentó a la diestra de la Majestad en las alturas" (He. 1:3).

La pregunta vital es: "¿Oirás su voz?". ¿Seremos como Israel en aquellos tiempos cuando oyeron el evangelio, las buenas noticias, que decían que había un lugar para ellos en el que no tendrían que cortar un árbol o desarraigar un tocón o despejar un campo? Todo era suyo. No tuvieron fe para creerlo, de modo que jamás lo disfrutaron. Entraron en la tierra, pero fue siempre bajo una sombra, y nunca obtuvieron todo. ¿Seremos como ellos y fracasaremos tan rotundamente? ¿O haremos nuestra tarea y entraremos en nuestro propio reposo? Cualquier hombre que conozca su propio corazón no se atreverá a ponerse en pie y decir: "Soy moralmente capaz de ganar mi propio reposo". A ese hombre lo consideraríamos un necio moral. Porque un hombre que conoce su propio corazón sabe cuál es la verdad. O bien satisfacemos la santidad de Dios, su justicia violada, y pagamos la deuda moral, o alguien tendrá que hacerlo por nosotros. El libro de Hebreos declara que alguien lo hizo por nosotros: fue el Hijo eterno.

Buscando el reposo en lugares equivocados

Muchas personas no quieren este tipo de reposo. Quieren un reposo de otra clase. Quienes desean un reposo moral quieren saber qué supone descansar del anhelo de labrarse un carácter.

Desde que era niño he escuchado una expresión que nunca me ha gustado: "edificar el carácter". Los teólogos liberales la usan mucho, igual que los docentes. Edifican el carácter. Supongo que en realidad está bien. Supongo que debo admitir que se trata de una expresión válida. Pero, normalmente, una expresión nos gusta o nos disgusta dependiendo del contexto en el que la oigamos. Yo solía oírla en boca de hombres que sabía que ignoraban de lo que estaban hablando. Por consiguiente, eso de "edificar el carácter" no me gusta mucho.

El carácter no se puede construir. Se puede tomar a un hombre que se está muriendo de cáncer y enseñarle a hablar y a leer griego, hebreo y latín; a cantar ópera; a disfrutar de la buena música y del arte; pero aun así es un moribundo y no construyes nada en él. Se está muriendo.

Puedes tomar a un pecador y enseñarle a ser honrado y correcto, convertirlo en un buen ciudadano. No cabe duda de que puedes ayudar a un hombre. Nuestras escuelas pueden contribuir al carácter de nuestros niños. Deberíamos tributar en silencio un agradecimiento a los maestros que han contribuido a formar a nuestros jóvenes, que les han enseñado que es mejor ser buenos que malos. Que es mejor ser honestos que corruptos. Que es mejor decir la verdad que mentir. Creo que deberíamos dar gracias a Dios por los maestros. Pero eso es solo enseñar a un moribundo a hablar bien inglés, convertir a un moribundo en un hombre culto. Él y su cultura morirán juntos. En eso consiste la formación del carácter. Eso es todo lo que es. Es mejor que nada, pero no basta.

Muchas personas anhelan hacer cosas meritorias, lo cual

es bueno. Cuando yo era joven, adolescente, soñaba con ir a la guerra y volver siendo un héroe. Cuando escuchaba el himno estadounidense, se me ponía la piel de gallina y decía: "¡Oh, me gustaría ir y morir por algo, y luego volver!". Quería morir por mi país, y luego volver y disfrutarlo. Pero no funciona así. Cuando hice el servicio militar, nunca pasé de soldado raso, nunca tuve un arma en la mano, de modo que ese sueño se fue desvaneciendo. Pero todos queremos hacer cosas importantes. Queremos salir al mundo y hacer algo grande. Cuando pensamos en Dios y en las cosas del mundo, queremos hacer cosas virtuosas. Queremos que nos conozcan como personas virtuosas.

Benjamín Franklin tenía tantos deseos de ser un buen hombre que dividió una hoja de papel en cuadrados, como un tablero de ajedrez, y escribió en ellos los días de la semana: "lunes, martes...". A la izquierda anotó las virtudes: honradez, modestia, humildad y veracidad. Cada día revisaba la lista para ver en qué había fallado. Si había cuadrados en blanco, eso indicaba que lo había hecho bien. Pero si fallaba, lo marcaba en la casilla. Quería ser bueno, y doy gracias a Dios por todos los que quieren ser buenos en vez de dejarlo correr y hundirse en el fango. Pero eso tampoco es suficiente. Benjamín Franklin nunca conoció el reposo.

Forjar el carácter nunca alcanza ningún tipo de reposo, porque nunca acabamos de forjarlo. Nunca encuentras reposo cuando lo único que haces es intentar hacer actos virtuosos. En la guerra entre la carne y el espíritu solo podemos esperar a que alguien nos haga libres en medio de ella, y solo podemos vencer si alcanzamos esa libertad mediante el reposo.

La obra consumada del Hijo eterno

El Espíritu Santo dice: "Temamos, pues, no sea que permaneciendo aún la promesa de entrar en su reposo, alguno de vosotros parezca no haberlo alcanzado" (He. 4:1). La promesa sigue vigente. Pero, me dirás, ¿es que Josué no los llevó a la Tierra Prometida?

El argumento sostiene que, si Josué hubiera llevado a los israelitas y hubieran obtenido el reposo, ¿por qué Dios, unos siglos más tarde, habría dicho "si oyereis hoy su voz, no endurezcáis vuestros corazones" (He. 3:15)? Josué no pudo dar reposo a Israel debido a la incredulidad del pueblo. Pero hay un reposo del que habló David unos siglos después de Josué. Dice que es un reposo interno. Es un descanso del alma. Es un descanso de nuestro trabajo. La promesa sigue vigente: podemos alcanzar el reposo de Dios.

Puede que algunos hayan perdido esta oportunidad. Muchos han jugado con la religión, con el cristianismo, han entrado y salido de iglesias, han escuchado a este y a aquel orador, han leído este o aquel libro, pero lo hicieron siendo incrédulos. Nuestra incredulidad ha obstaculizado todo esfuerzo del Espíritu para llevarnos al reposo. Desarrollamos hábitos mentales. Se fijan en nuestros corazones; nos endurecemos y ya no reaccionamos. Cuando pase eso, debemos excavar hondo, arar el campo en barbecho e intentar reaccionar rápidamente, ser receptivos y sensibles a la voz de Dios, que nos llama a que cesemos de nuestros trabajos y confiemos completamente en Jesucristo, por entero, para poder descansar de nuestras luchas. La mayoría de cristianos no goza de mucho reposo en este aspecto.

Una vez escuché a un obispo metodista decir que, como pastor, había descubierto que el 70 por ciento de sus feligreses no estaban listos para ir al cielo. Antes de sentirse con libertad para ir allí, tenían que estudiar para el examen en el último minuto. No descansaban en lo que había hecho Cristo. Tenían una esperanza difusa sobre lo que podrían hacer o haber hecho. Alguien escuchó al obispo y le dijo: "Obispo, ¿no es un poco duro cuando habla de un 70 por ciento? ¿En serio?".

Él contestó: "Les digo la verdad. Es el 70 por ciento". Entonces añadió: "Los he contado. Solo en torno al 30 por ciento de mis feligreses están listos para ir al cielo".

Más de dos tercios de los que llevaban toda la vida yendo a la iglesia cantaban los himnos de Sion, escuchaban la lectura de las Escrituras y las oraciones, oraban y oían grandes predicaciones (porque en aquellos tiempos había grandes predicadores). Pero, cuando murieron, no habían entrado en el reposo. No pudieron marcharse sin sentir temor.

Quiero que Dios me conduzca a un lugar donde no haya temor a la muerte porque esté descansando en Él, descansando en lo que ha hecho Jesucristo por mí. Dios hizo su obra y entró en su reposo. Su Hijo Jesucristo hizo otra obra, y nosotros entramos en ese reposo. Veamos lo que podemos hacer al respecto. Examinémonos delante de Dios.

Cuando descanso plenamente en Jesucristo y en su obra consumada, la fe se activa y me libra de la tarea frenética de intentar llegar al reposo por mí mismo. Descanso perfectamente y con total seguridad en la obra de Jesucristo.

¡Oh, Señor! Procuro en vano
Charles Wesley (1707-1788)

¡Oh, Señor!, procuro en vano
mi conducta reformar,
pues ningún poder humano
santidad me puede dar.

Es mi vida de pecado
diaria ofensa para ti;
pero mi alma ha confiado
en tu sangre carmesí.

57

En tu reino está el contento,
nada impuro allí entrará;
sin el nuevo nacimiento
ningún alma lo verá.

Mira, pues, mi insuficiencia,
muestra en mí tu gran poder;
manifiesta tu clemencia
y de nuevo hazme nacer.

Ven, Espíritu divino;
ven y escucha mi oración;
ante ti mi frente inclino
por mi regeneración.

De ese modo mi esperanza
no vacila y llego a creer
que la bienaventuranza
en el cielo he de tener.

(Trad. I. P. Balderas)

5

LA FE CONDUCE A LA PERFECCIÓN ESPIRITUAL

*Por tanto, dejando ya los rudimentos de la doctrina
de Cristo, vamos adelante a la perfección.*

HEBREOS 6:1

Hasta el estudiante más informal de la verdad bíblica llegará a la conclusión de que Dios nunca deja de inducir a su pueblo a que se perfeccione. Aunque nuestra fe viene de descansar en la obra consumada de Cristo, nunca nos permite quedarnos cortos frente a la perfección. Los grandes problemas a los que se enfrentan los cristianos contemporáneos son el hecho de que muchos se encuentran en un estado al que yo llamo "desarrollo paralizado". Es decir, que han crecido hasta cierto punto y, entonces, por el motivo que sea, han dejado de hacerlo. Hay muchas cosas que contribuyen a esta atrofia espiritual, ¡y dichoso el cristiano que sabe cómo eludirlas!

Lo que no es la perfección

Quizá la primera pregunta que sale a la superficie es qué queremos decir con "perfección espiritual". Si hemos de avanzar "hacia la perfección", ¿qué es eso y como voy a saber cuándo la he alcanzado? La respuesta definitiva a esta pregunta contribuiría en gran medida a resolver toda una serie de problemas para el cristiano en su caminar diario. Muchos cristianos han sufrido innecesariamente porque no han entendido bien esta área o no han recibido una correcta enseñanza.

De igual manera que un bebé recién nacido no está preparado para enfrentarse al mundo, el cristiano recién convertido no está preparado del todo. Debe haber un crecimiento que lleve a una madurez totalmente desarrollada, que es otra forma de decir perfección. La perfección no significa, como muchos han pensado, una perfección sin pecado. Más bien es la madurez tal como Dios la quiso. Un bebé no nace para seguir siéndolo, sino para crecer y convertirse en un adulto maduro.

Para comprender lo que queremos decir con "perfección espiritual", debo empezar diciendo lo que no es. Ya he mencionado que no consiste en llegar a un punto de perfección sin pecado. Pero, en otro sentido, puedo resumirlo todo en una sola afirmación: la madurez espiritual, o perfección, no tiene absolutamente nada que ver con la idea de la perfección que tienen los hombres. Lamentablemente, esto es lo que se enseña hoy día en el cristianismo popular.

La perfección sin pecado no es lo mejor del ser humano llevado a sus más altas cumbres. Sin importar lo mucho que pulamos al ser humano, siempre se quedará corto frente a la idea divina de la perfección.

La idea humana de la perfección se divide en tres categorías distintas: el hombre natural, el hombre moral y el hombre religioso.

El hombre natural

Abundan los ejemplos del hombre natural. Prácticamente en todos los ámbitos encontramos intentos de perfeccionar al hombre natural para que alcance su máxima expresión. Sin embargo, por mucho que se embellezca, hay un aspecto depravado de la humanidad que no se puede ignorar.

La perfección espiritual no es la perfección del hombre natural. El hombre natural es lo que es un hombre sin Jesucristo. Es el ser humano como resultado de la caída en el huerto de Edén, y nunca se le puede llevar a un punto de perfección espiritual. Cuando Dios dijo a Adán y a Eva que si comían de aquel fruto del huerto morirían, murieron espiritualmente, dejando al hombre natural privado de toda vida espiritual.

El hombre natural se jacta de sí mismo. Hoy día es imposible leer una revista sin ver esto, una tendencia que incluso se ha infiltrado en las publicaciones cristianas. La perfección en este sentido significa ser lo mejor que puedas ser, pero siempre se queda corta frente a los deseos de Dios. En lo profundo del corazón de todo hombre y toda mujer hay un anhelo de obtener algo que está más allá de sí mismos. Lamentablemente, en lo natural no hay manera de definir ese "más allá", y ya no hablemos de intentar alcanzarlo. En todo progreso de la raza humana se percibe el esfuerzo de convertirse en aquello que fue creada para ser; y cada generación se queda corta frente a esa expectativa. La perfección no es lo que vemos o lo que podemos conseguir, sino aquello para lo que nos creó Dios inicialmente.

Incluso si, por casualidad, pudiéramos llevar al hombre natural al punto de la perfección, aún se quedaría corto frente a lo que la Biblia llama "la gloria de Dios". El hombre natural en su máxima expresión no llega a entender en qué consiste ese anhelo oculto, ese abismo que llama a otro abismo. Todo gira en torno a sí mismo, sus intereses, inquietudes y placeres. Y todas estas cosas se quedan cortas frente a la profunda satisfacción que el ser humano es capaz de disfrutar.

El genio humano, expresado en todos los inventos desde tiempos inmemoriales, solo manifiesta una arraigada insatisfacción dentro del corazón del hombre; siempre intenta mejorar, pero siempre se queda corto. Lo que una generación consigue hacer, la siguiente no lo soporta. Cada generación se reinventa a sí misma, movida por ese anhelo interno profundo que no podemos satisfacer con las cosas externas.

El hombre natural no puede experimentar la satisfacción del placer que fue creado para disfrutar. A pesar de que el hombre natural está entregado a la búsqueda del placer, no le satisface nada de lo que encuentra. Por consiguiente, llena su vida con lo que la Biblia llama "el mundo, el demonio y la carne". Su vida se ha convertido en un fraude envuelto en expectativas incumplidas.

La perfección del hombre natural se queda corta frente a todo lo que se parece a la perfección espiritual.

El hombre moral

Sin duda que hay algo positivo que decir respecto al deseo de tener una buena moral. Personalmente, preferiría vivir al lado de una persona que tuviera una buena moral que junto a alguien que no la tuviese. Pero la búsqueda de una buena moral no es suficiente. Por ejemplo, ¿cuál es el estándar que se usa para definir una moral recta? En el libro de Jueces encontramos una frase que define realmente a la generación presente: "En estos días no había rey en Israel; cada uno hacía lo que bien le parecía" (Jue. 21:25). En otras palabras, todo el mundo tenía su propia definición de lo que era correcto.

Los Diez Mandamientos fueron la máxima expresión de la perfección moral. Pero se quedaban cortos frente al ideal divino de la perfección.

Quizá recuerdes que Jesús discutió esto con los fariseos de su época. En Mateo 5:27-28, Jesús rebatió la perfección moral tal como ellos la entendían: "Oísteis que fue dicho: No cometerás adulterio. Pero yo os digo que cualquiera que mira a una mujer para codiciarla, ya adulteró con ella en su corazón".

Los fariseos se enorgullecían mucho de mantener limpio lo de fuera, pero no tenían en cuenta el corazón. Lo que nunca se puede alcanzar o controlar mediante una simple ley o mandamiento es el interior de la persona.

En otros pasajes, Jesús se refirió a los fariseos como "sepulcros blanqueados" debido a su hipocresía. "¡Ay de vosotros, escribas y fariseos, hipócritas! porque sois semejantes a sepulcros blanqueados, que por fuera, a la verdad, se muestran hermosos, mas por dentro están llenos de huesos de muertos y de toda inmundicia" (Mt. 23:27). Una persona puede alcanzar un grado de perfección moral, desde el punto de vista externo, pero por dentro estar podrida hasta lo más hondo. Esta era la discrepancia de Jesús con los fariseos.

El hombre religioso

La religión consiste en hacer buenas obras para poder obtener algo. Algunos tienen la idea de que la perfección de las buenas obras producirá una vida satisfactoria. Si haces lo correcto por un buen motivo, tendrás una vida muy satisfactoria. Todas las religiones del mundo están dedicadas a este tipo de cosas.

Sin embargo, aquí no hay perfección. Aquel joven dirigente que acudió a Jesús era un hombre que había perfeccionado sus buenas obras durante toda su vida. La pregunta que formuló a Jesús es de lo más inquietante: "El joven le dijo: Todo esto lo he guardado desde mi juventud. ¿Qué más me falta?" (Mt. 19:20).

Imagínate a un hombre como él, llegando a ese punto después de hacer todo lo que le era posible para llevar una vida correcta, y preguntando "¿Qué me falta?". No se me ocurre nada más descorazonador: un hombre que hace todas las cosas correctas por los motivos correctos y aun así siente un vacío en su interior que nada ha podido aliviar. Incluso él sabía que, en medio de todas sus buenas obras, a pesar de guardar la ley y perfeccionar su vida moral, le faltaba algo.

Si hubo una cosa contra la que habló Jesús durante su ministerio público fue la inutilidad de la perfección religiosa. Una persona podía pasar por todos los rituales de la religión, ofrecer todos los sacrificios exigidos por la ley, guardar todos los días santos contenidos en los libros y, aun así, sentirse vacía por dentro. "¿Qué me falta?".

El hombre natural, el hombre moral y el religioso tienen una cosa en común: todos buscan una seudoplenitud de la vida expresada en avaricia y egoísmo, albergando en su interior anhelos que no se pueden explicar o satisfacer. Su máxima manifestación se alcanza por medio del pensamiento positivo, la psicología, la educación y todo lo que tiene que ver con la persona exterior. Todas estas cosas pulen lo externo, pero ocultan el hecho de que el interior está lleno de inmundicia.

Esta idea de la perfección se puede reducir a una sola frase: "sé lo mejor que puedas ser". Esto se queda corto frente al potencial no descubierto que hay en todo ser humano y que Dios, el Creador, puso en él. No nos creó para que fuésemos lo mejor sin tenerle en cuenta. Cuando eliminas a Dios de tu vida, reduces en gran medida tu potencial como ser creado.

Recuperemos nuestro propósito originario

¿Qué queremos decir cuando hablamos de la perfección espiritual? Si el hombre natural, el moral y el religioso no la pueden alcanzar, ¿qué nos queda?

Permíteme esbozar lo que quiero decir con "perfección espiritual". La perfección espiritual tiene que ver con el propósito último de Dios para la humanidad. Este propósito no ha cambiado desde el principio mismo de la creación. Dios creó a Adán y a Eva en el huerto con este mismo propósito.

Para comprender esto, hemos de tener en cuenta dos cosas.

Primero, ¿por qué creó Dios a Adán y a Eva? ¿Cuál fue el propósito de la creación?

Para esto hemos de remontarnos al Génesis y descubrir cómo empezó todo. En el estudio de la Biblia hay algo llamado "la ley de la primera mención". Se trata de una ley muy importante, que nos permite comprender lo que tiene que decir la Biblia en su totalidad. Sencillamente, significa que cuando las Escrituras mencionan algo por primera vez, establecen un patrón con ese tema que permanece inalterado en el pensamiento de Dios a lo largo de todas las Escrituras.

En Génesis descubrimos el propósito de Dios para la humanidad: "Entonces dijo Dios: Hagamos al hombre a nuestra imagen, conforme a nuestra semejanza; y señoree en los peces del mar, en las aves de los cielos, en las bestias, en toda la tierra, y en todo animal que se arrastra sobre la tierra" (Gn. 1:26).

Aparte de cualquier otro significado que pueda tener, esto significa que el ser humano fue creado originariamente para Dios y para tener comunión con Él. A diferencia de todas las otras creaciones de Dios, solo el ser humano tiene comunión con Él. Dios se paseaba en el frescor del día en el huerto, a solas con Adán y Eva. Nunca le hallamos paseando en medio del frescor del día con un elefante, un tigre o un gorila. Solo el hombre fue creado "a nuestra semejanza".

Lo que puso fin a eso fue la caída del hombre en el jardín de Edén. El ser humano cayó debido al engaño de Satanás, y el pecado resultante y espantoso destruyó en el hombre la comunión para la que fue creado, dejando un vacío interior.

Segundo, llegamos al Nuevo Testamento y a la cruz de Cristo. El propósito de la redención fue devolver al hombre a su propósito original: llevarlo de vuelta a ese punto de plena comunión con Dios. La redención no fue pensada solo para hacernos mejores personas. No fue destinada a hacer de nosotros nuestra mejor versión en la carne. La redención tiene un componente espiritual, nuestro vínculo con la Deidad y el redescubrimiento de nuestro propósito auténtico.

Por lo tanto, el propósito último de Dios para la humanidad fue que disfrutásemos de una comunión y una intimidad ilimitadas. Esta comunión no es algo estancado, pasivo. Al contrario, es dinámico y crece. El resultado final es que nos parezcamos cada vez más a Jesucristo.

El ideal humano de la perfección siempre excluye a Cristo. Pero la idea de la perfección según Dios es la madurez completa en Jesucristo. El escritor de himnos dijo: "¡Oh, ser como tú!".

El ideal de la perfección según el hombre consiste en alcanzar su máximo ideal. La idea que tiene Dios de la perfección es que alcancemos nuestro ideal más elevado en Cristo.

Siempre me ha gustado el capítulo introductorio de san Agustín en su obra *Confesiones*. En ese primer capítulo dice: "Nos has creado para ti mismo, y estamos inquietos hasta que descansamos plenamente en ti". Esta es la fuerza que subyace en la perfección espiritual desde el punto de vista bíblico. Hemos sido creados con un propósito y, hasta que ese propósito se vea satisfecho y cumplido, sentimos una inquietud que no podremos satisfacer con nada de lo que hay en este mundo. Está tan dentro de nosotros que nada humano o natural puede afectarla.

Dios nos mira a través del Señor Jesucristo. Cuando nos mira, anticipa a Cristo en toda su plenitud y gloria. Esta es la perfección espiritual de la que habla la Biblia. Esto es lo que significa seguir avanzando hacia la madurez plena en Cristo.

La revelación de la imagen de Cristo

Una vez leí acerca de un gran escultor cuyas obras apreciaba todo el mundo. En cierta ocasión alguien le preguntó cuál era el secreto de sus obras maestras. Él respondió algo así: "Simplemente voy eliminando todo lo que no debe estar allí". Aquel escultor contemplaba el bloque de granito o de otro material y veía algo que no veía nadie más. El genio tras su obra maestra consistía en eliminar todo aquello que no debía estar allí, y permitir que se hiciera real la visión de aquella imagen.

Dios creó al hombre para sí mismo, para tener una comunión dulce e íntima con Él, diaria y creciente. Cuando contempla al hombre a través de la cruz del Señor Jesucristo, ve lo que nadie más puede ver. Ve a Cristo. Empieza a recortar trabajosamente todo lo que hay en la vida de ese hombre que no debe estar allí, todo aquello que no sea Cristo. Puede tardar meses o años en acabar su obra maestra. Sin embargo, no tiene prisa debido a que la naturaleza de su trabajo es delicada, y porque piensa en el resultado último de su artesanía.

De modo que Dios, que no tiene ninguna prisa, va golpeando con el escoplo, eliminando todo aquello que no forma parte de la imagen de Cristo. Toma la iniciativa para interrumpir nuestras vidas, para alcanzar la meta más alta de convertirnos en creyentes espiritualmente maduros.

¿Qué pasaría si un maestro escultor estuviera trabajando un bloque de granito, y este objetara porque cayeran muchos trocitos de piedra al suelo? ¿Y si ese bloque de granito empezara a indicar al maestro dónde y qué debería cortar? Esto es impensable. Lo mismo pasa con nosotros. Dios es el gran Maestro Arquitecto y Escultor de esa imagen de Cristo en nosotros. Sabe lo que hace, pero a menudo nos parece que nos ha quitado demasiados trocitos de piedra.

A veces sentimos que el Maestro ha ido demasiado lejos. Ten la seguridad de que el Maestro Artesano divino sabe exactamente lo que hace, porque tiene en mente un objetivo último. Algo a lo que debemos aferrarnos es el hecho de que este mundo no es un fin en sí mismo. Nos apresuramos demasiado en vivir esta vida, olvidando que hay otra venidera.

Los predicadores de antaño, de otras generaciones, solían hablar del hecho de que esta vida era una preparación para la venidera. Ya no oímos decir mucho estas cosas. Escuchamos las voces del hombre natural, el moral y el religioso, que se centran en esta vida y nunca en el mundo venidero. Pero lo que hace en mi vida el Maestro Arquitecto y Escultor me prepara no tanto para este mundo, sino para el mundo por venir.

La gran escritora de himnos Fanny J. Crosby comprendía esto, y lo expresó en muchos de sus himnos. Su himno "Salvo por gracia" dice:

> Un día mi casa terrenal se vendrá abajo,
> y no puedo decir cuán pronto pasará;
> pero esto sí lo sé, que mi Todo en Todo
> tiene un lugar en los cielos para mí.

Ella no fijaba la vista en la casa terrenal. Sabía que un día se estropearía y se desmoronaría. Su esperanza estaba puesta en su "Todo en Todo", que no es otro que Jesucristo. Él fue el Gran Arquitecto y Escultor de la vida de esa mujer. Fue Él quien diseñó su vida no para este mundo, sino para el venidero.

La intención primaria que reserva Dios para todo creyente es que él o ella vaya "adelante a la perfección" (He. 6:1). En este sentido, Dios no se detendrá ante nada para alcanzar ese objetivo. Si hace falta, Dios interrumpirá tu vida de todas las maneras imaginables, sin pedirte permiso. Tu perfección espiritual descansa sobre la sabiduría de Aquel que te ha creado a su imagen.

Guíanos con amor
Thomas Hastings (1784-1872)

> Guíanos con amor, oh Señor,
> por el valle de lágrimas
> en el que nos has puesto
> hasta nuestro gran cambio final.

Al recibir los dardos de la tentación,
o extraviados en senderos perdidos,
que tu bondad nunca falle,
guíanos en tu camino perfecto.

En la hora de dolor y de angustia,
en la hora en que se acerca la muerte,
no permitas que el corazón desfallezca,
ni que nuestras almas nada teman.

Cuando acabe esta vida mortal
llévanos a tus brazos a reposar,
hasta que, atendidos por ángeles,
despertemos entre los benditos.

Corónanos entonces con tu bendición,
por los triunfos de tu gracia;
y entonces alabanzas sempiternas
resonarán allá en tus moradas.

6

LA FE TRASCIENDE LOS ALTIBAJOS DE LA VIDA

Pero en cuanto a vosotros, oh amados, estamos
persuadidos de cosas mejores, y que pertenecen
a la salvación, aunque hablamos así.

HEBREOS 6:9

Siempre me sorprende cómo es posible que la gente pueda tomar un tema como la fe y retorcerlo para que encaje en su agenda personal. Da lo mismo cuál sea tu problema, la solución es la fe. Si necesitas más dinero, ten fe. Si quieres ascender en tu trabajo, pídelo por fe y sin duda lo obtendrás. Para muchos el lema es "Si crees, lo recibirás". O "Nómbralo y reclámalo".

Por algún motivo, esto ignora lo que dice Hebreos aquí: "En cuanto a vosotros... estamos persuadidos de cosas mejores". Sin duda que usar la fe como un medio para obtener lo que deseas no es una de las "cosas mejores" de las que habla este pasaje. Creo que, de todos los libros de la Biblia, Hebreos padece más este tipo de agresiones que cualquier otro.

Siempre que escucho a alguien predicar en esta línea o comprar un libro que aborda este tema, inmediatamente recuerdo el cartel que vi sobre la puerta de una pequeña fábrica. Era una fábrica especializada en objetos hechos de madera. Pinzas para tender ropa, patas de madera para sillas, todo lo que te puedas imaginar. El cartel decía: "Aquí hacemos todo tipo de cosas con nuestro material". Esta frase podría pegarse en la portada de muchos libros que hablan sobre la fe.

Admito que el capítulo sexto de Hebreos es posiblemente uno de los más difíciles de la Biblia. Por consiguiente, es inevitable que cuando es el tema de un sermón, los predicadores que no saben de qué hablan hagan todo tipo de cosas con ese material. El predicador tiene una posición teológica bien firme y, partiendo de ese punto, intenta filtrar la Biblia por esa plantilla teológica. Es posible hacer pasar una clavija cuadrada por un agujero redondo, pero al hacerlo, la destrozarás. La única pregunta que parece venir a la mente de muchos de esos teólogos es: "¿Encaja esto con mi postura teológica?". Y si no encaja, tienen todo tipo de técnicas para arrojarlo a un lado falsamente. Muchos son auténticos maestros en esto de modificar las Escrituras para que armonicen con alguna idea preconcebida que tienen.

Si tomamos Hebreos 6 dentro de su contexto, empieza a desvelarse ante nuestros ojos. Creo firmemente que en la Biblia no hay nada que haya que retorcer y modificar para que encaje con alguna postura teológica.

Yo creo en la teología. La teología es simplemente el estudio de Dios. ¿Qué podría ser más importante o emocionante que eso? Pero una forma de teología que excluya aspectos de la Biblia no es una teología en la que podamos confiar.

Siguiendo esta línea, a menudo he dicho que los cristianos no dicen mentiras; solo van a la iglesia y las cantan. Me sorprende ver cuántas personas cantarán un himno que en realidad no encaja con su estructura doctrinal. Quizá muchos cristianos no tienen idea de lo que cantan cuando entonan un himno. Y los predicadores son peores en este sentido. He estado en reuniones en las que, justo después de cantar uno de los grandes himnos de la Iglesia, el predicador ha subido al púlpito y ha arruinado el tema predicando un sermón totalmente contrario a la doctrina expresada en el himno. Lo triste es que la mayoría de ellos no es consciente de hacerlo. Quizá eso explique el por qué hoy día en las iglesias se cantan pocos himnos.

La fe bíblica tal como la expresan las Escrituras, y sobre todo el libro de Hebreos, nos desafía a superar todas las malinterpretaciones y distorsiones que encontramos en la Iglesia. No honra a Dios que tomemos las Escrituras e intentemos que digan algo que Dios no quiso decir jamás. Déjame ponerte un ejemplo.

Una barrera doctrinal creada por el hombre

A menudo me preguntan si soy calvinista o arminiano. Para muchas personas, esta pregunta es crucial, y tienen que saber de qué lado de la vieja barrera doctrinal está su interlocutor. La presión ha llegado hasta el punto en que todo el mundo tiene que elegir por qué camino va a seguir. ¿Serás calvinista o arminiano? Si eres calvinista, es evidente que no puedes estar de acuerdo con nada arminiano. Y si eres arminiano, no es posible que puedas digerir nada que sea calvinista.

Creo que este asunto es bastante peligroso. Sería como si alguien te pidiera elegir entre tu mano derecha y tu mano izquierda. Si usas la derecha, tendrás que librarte de la izquierda. Pero, ¿qué tipo de estupidez es esa? Tengo una mano derecha y una mano izquierda, y funcionan muy bien juntas.

Cuando alguien toca este tema conmigo, a menudo pienso en un famoso predicador inglés que dijo: "Cuando predico, soy arminiano. Cuando oro, soy calvinista". Siempre he apreciado esta respuesta, y creo que me define muy correctamente a mí y a muchos otros evangélicos firmes. Creo que este predicador decía que era un calvinista porque se expresaba de forma equívoca, y un arminiano en la apologética. Mi pregunta es: ¿qué eran las personas antes de que naciera Juan Calvino? ¿Por qué no podemos ser simplemente cristianos?

Yo sirvo en la junta de misiones de la Alianza Cristiana y Misionera, y lo he hecho durante muchos años. En la junta sirven también dos de mis mejores amigos. Nuestra amistad se remonta a muchos años atrás. Hemos llegado por caminos distintos, pero con el paso de los años nos hemos vuelto buenos amigos. Uno de ellos es un calvinista convencido. Si acudes a su iglesia un domingo, tendrás un festín a base de un maravilloso sermón calvinista. El otro amigo es arminiano, y además a ultranza. Si vas a su iglesia un domingo cualquiera, disfrutarás de un banquete arminiano como nunca antes hayas visto.

A pesar de que estos dos amigos proceden de posturas doctrinales diferentes, cuando nos reunimos en esa junta, mantenemos una armonía total. Los dos dejan en la puerta sus prejuicios doctrinales y unen sus corazones, buscando la mente del Señor para nuestra junta de misiones.

Esto es lo que quiero decir. Cuando permitimos que nuestros prejuicios doctrinales decidan con quién podemos tener comunión, somos culpables de manipular las Escrituras. Esto no tiene que ser así.

Puedo leer la historia de la Iglesia y encontrar a grandes cristianos que tenían opiniones distintas sobre el tema. Esto me lleva a pensar que no debe ser tan importante. No creo que tengas que elegir entre ser calvinista y arminiano. Si es así, una de las partes está equivocada. Ahora bien, ¿qué postura es la que lo está?

Tengo en mente un ejemplo que tiene que ver con John Wesley. Wesley fue el fundador de la Iglesia metodista, y era un arminiano convencido, hasta lo más hondo. No quería saber nada de las tonterías calvinistas, como él las llamaba. Leí algunos de sus sermones, y está claro que era arminiano.

Sin embargo, este no es el fin de la historia. Cuando John Wesley estaba en su lecho de muerte, su familia y sus amigos se reunieron alrededor. Le oyeron cantar algo con voz muy débil. Uno de los familiares se inclinó hacia él para intentar escuchar lo que cantaba. Era un himno. Cuando se inclinaron más hacia él, ¿qué crees que estaba cantando?

> Alabaré a mi Creador mientras tenga aliento,
> y cuando mi voz en la muerte se apague,
> la alabanza usará mis poderes más nobles;
> mis días de alabanza nunca pasarán,
> mientras dure la vida, el pensamiento y el ser,
> y la inmortalidad.

¿Quién supones que escribió este himno? Nada menos que Isaac Watts (1674-1748), que era un calvinista hecho y derecho. Por lo tanto, ese arminiano inquebrantable dedicó los últimos momentos de su vida a unir su corazón al de un calvinista, cantando "Alabaré a mi Creador mientras tenga aliento". A la hora de alabar y adorar a nuestro Creador, no hay distinción entre un calvinista y un arminiano. Estas distinciones se desvanecen del corazón que late en alabanza.

Sé de buena fuente que en el cielo no habrá distinciones entre calvinistas y arminianos. Tales cosas no se permiten al otro lado de las puertas de nácar. A menudo, unos amigos de Pennsylvania bromean conmigo cuando les digo que en el cielo solamente habrá una denominación. Esa denominación será Hermanos en Cristo. Es difícil rebatir esta afirmación.

Si el predicador es calvinista, en su predicación hallarás muchas alteraciones y modificaciones. Lo mismo pasa con los arminianos. Mi pregunta es: ¿por qué no superamos todas esas manipulaciones destinadas a hacer que las Escrituras respalden nuestra postura doctrinal? ¿Por qué no nos limitamos a creer en la Biblia?

Creo que la fe en Jesucristo tiene una naturaleza tal que nos permite trascender todas las cosas sin importancia que hallamos a nuestro alrededor.

Las manipulaciones doctrinales clásicas

Ahora bien, ¿qué pasa con Hebreos 6? Cuando llegamos a este capítulo, los predicadores hacen todo tipo de manipulaciones. Voy a señalar unas cuantas.

"Una vez iluminados"

Muchos dirán que esta expresión significa, sencillamente, que tenían luz. En realidad no eran personas nacidas de nuevo; simplemente tenían luz. Pero me gusta comparar las Escrituras con las Escrituras. Creo que es la única manera de actuar. Y en las Escrituras veo que el apóstol Pablo, en Efesios 1:18-19, usa la misma palabra: "alumbrando los ojos de vuestro entendimiento, para que sepáis cuál es la esperanza a que él os ha llamado, y cuáles las riquezas de la gloria de su herencia en los santos, y cuál la supereminente grandeza de su poder para con nosotros los que creemos, según la operación del poder de su fuerza". En ambos lugares se usa la misma palabra, "iluminar" o "alumbrar".

Hace falta manipular mucho un pasaje para conseguir que un versículo nos diga una cosa y otro nos diga otra. En Efesios, el apóstol Pablo rogaba a Dios que los cristianos crecieran en la vida espiritual. Eran cristianos. No solo tenían luz, sino que estaban iluminados por la obra del Espíritu Santo en sus corazones. Ahora bien, si este es el significado en Efesios, la misma palabra debe significar lo mismo en Hebreos.

"Gustaron del don celestial"

Aquí es donde los manipuladores empiezan a trabajar intensamente, insistiendo en que simplemente gustaron del don celestial, pero que en realidad no lo experimentaron. No eran cristianos, solo personas que probaron un poco la verdad pero luego se apartaron. En Hebreos 2:9 encuentro la misma palabra, "gustar": "Pero vemos a aquel que fue hecho un poco menor que los ángeles, a

Jesús, coronado de gloria y de honra, a causa del padecimiento de la muerte, para que por la gracia de Dios gustase la muerte por todos". Lo que quiero saber es esto: ¿estos manipuladores están dispuestos a sugerir que Jesús solo probó un poco la muerte? ¿Que Jesús en realidad no experimentó la muerte, sino solamente la gustó? Creo que esto es una herejía de primer orden.

"Hechos partícipes del Espíritu Santo"

Esta es otra expresión que se puede manipular. Alteran la palabra "partícipes" para que signifique que eran personas que simplemente se dejaron llevar, sin comprometerse con el Espíritu. Sin embargo, en otros pasajes este sustantivo se usa con el significado de "ser participante de, tomar parte en, aceptar, comer y recibir". Me resulta difícil alejarme de esta palabra sin comprender qué significa "experimentar". Habían recibido y experimentado al Espíritu Santo.

"Es imposible que los que una vez fueron iluminados..."

Esta frase está sometida a más manipulaciones que cualquiera de las otras. Los cristianos que tenían lo que Pablo oraba que los efesios pudieran tener, y que habían gustado del don celestial (es decir, "experimentado" ese don y fueron hechos partícipes, es decir, que tenían parte en el Espíritu Santo y habían experimentado la buena palabra del Señor y los poderes venideros), si caían, era imposible renovarlos. Es evidente que el escritor pensaba en alguien que tú y yo no podemos renovar. Es imposible que, una vez ha sucedido esto, podamos renovarle para el arrepentimiento.

La dificultad estriba en dos frases: "recaer" y "renovados para arrepentimiento". Y justo aquí es donde la manipulación se dispara alocadamente. ¿Qué quieren decir las Escrituras con "recaer"? ¿Y hasta dónde cae una persona? ¿Está hablando de perder la fe? Bueno, si es así, percibo varias dificultades. Dos de las personas más famosas de la Biblia que perdieron su fe son

Pedro y Juan Marcos. Las Escrituras nos cuentan que estos dos hombres se echaron atrás en la fe pero luego se restauraron, fueron perdonados y recuperaron la comunión plena (Mr. 14:66-72; Hch. 15:36-41). El sermón de Pedro el día de Pentecostés dio a luz a la Iglesia. Después del arrepentimiento de Marcos, a Pablo le resultó muy útil para el ministerio. Por lo tanto, me cuesta entender este "recaer" como una pérdida de la fe.

Según algunos manipuladores, es imposible renovar a estas personas para el arrepentimiento. Sin duda que Hebreos no habla de esto. Es posible estar tan enredados en las minucias doctrinales que perdamos de vista por completo lo que Dios pretende decirnos.

Deja que te ofrezca una norma que puede resultarte útil. Estoy seguro de que esta norma se puede aplicar a toda la Iglesia de Dios en este mundo y en todos los tiempos. *Si te preocupa haber cometido el pecado imperdonable, es que no lo has cometido.* La persona que se ha adentrado tanto en la apostasía que ya no hay esperanza para ella no se preocupa por el tema. En Mateo 12:3, los fariseos pronunciaron ciertas palabras que Cristo consideró una evidencia del pecado imperdonable. Sin embargo, los fariseos no estaban preocupados en lo más mínimo. Creían que eran justos. No había penitencia en ellos, ni humildad ni mansedumbre. Eran creyentes acérrimos en su propia justicia. Jesús dijo que habían cometido el pecado imperdonable, porque habían atribuido al diablo la obra del Espíritu Santo. Por lo tanto, si ellos hubieran temido cometerlo, habrían sido humildes, amables, mansos, hubieran sentido temor y se habrían comportado como el carcelero, con temor y temblor, diciendo: "Señor, ¿qué debo hacer para ser salvo?". Pero esto ni se les pasó por la cabeza.

De modo que si te preocupa haber cometido el pecado imperdonable, no lo has cometido. El mero hecho de que te preocupes por ello indica que el Espíritu de Dios se mueve en tu corazón; el Espíritu de Dios no se mueve en el corazón de un hombre que ha cometido "pecado para muerte". Ni siquiera sé si "recaer" es el pecado para muerte. ¡Si supiéramos lo que significa "recaer"! Debe significar algo que llega hasta tal punto que a la persona le da igual, no se preocupa por ello, ya no siente nada al respecto y lo descarta como si fuera una tontería.

Aquí estoy, justo donde empezamos, con un calvinista que habla con evasivas y un arminiano apologético. Algunos piensan que una persona puede nacer de nuevo, pecar y perderse. Otros adoptan la otra postura y niegan esto, lo explican y lo interpretan. Es posible equivocarse por exceso tanto como por defecto.

Una vez, una joven me dijo: "He sido salvada tres veces". Es evidente que no me gusta oír eso ni lo acepto. Está claro que aquella joven no tenía idea de lo que significa ser salvo. Por supuesto, tampoco queremos irnos al otro extremo y decir lo que sostienen algunos: "Me he convertido, y aunque quisiera, no podría ir al infierno". Personalmente, eso me daría bastante miedo. De hecho, no creo que nadie que dijera algo así fuera realmente convertido; nuestra fe no es tanto lo que creemos, sino en quién creemos. Y todas las manipulaciones de este mundo no podrían cambiar esta verdad bíblica básica.

El peligro de la verdad bíblica distorsionada

Toda esta manipulación lleva aparejados graves peligros espirituales. Y, para ser sinceros, todos somos culpables hasta cierto punto de haber hecho esto en algún momento de nuestras vidas. Creo que es importante que entendamos los peligros asociados con esas tergiversaciones. Permíteme compartir contigo algunos de los que percibo.

Induce a confiar en la opinión personal

El primer peligro sería elevar mi opinión por encima de la enseñanza general de las Escrituras, es decir, someter las Escrituras al juicio de mi opinión personal. Todo el mundo tiene una opinión y muchos de nosotros preferiríamos morir antes que renunciar a ella. Ahora bien, ¿de dónde sacamos esas opiniones? Quizá algún pastor de la iglesia en la que nos convertimos, y ¡gracias por quien llegamos a conocer al Señor!, nos inculcó su opinión sobre determinados temas. Por lo que respecta a nosotros, la opinión de ese pastor supera a la propia Palabra de Dios. Este es un peligro grave.

En realidad, nadie tiene una opinión propia. Todas las opiniones que tenemos vienen de alguna parte o de alguien. A lo largo de los años he tenido que desechar muchas opiniones que en realidad no estaban enraizadas en la enseñanza clara de la Biblia. Cuando somos salvos, estamos tan ansiosos por aceptar las enseñanzas doctrinales de la iglesia a la que asistimos que nunca dejamos de pensar en algunos de estos temas o de orar por ellos.

Es maravilloso tener opiniones sobre política, deporte, literatura y música. Todas estas opiniones se fundamentan en las preferencias personales, los gustos y las aversiones. Alguien será seguidor de un determinado equipo de fútbol sencillamente porque su padre lo era. Ahora bien, es posible que ese equipo lleve trece años sin ganar un partido, pero esa persona seguirá apoyándolo y, en su opinión, será el mejor equipo que haya jugado jamás. Es una opinión que le ha venido impuesta por una fuerza externa.

Ten cuidado con tus opiniones.

Conduce a una ruptura de la comunión cristiana

Otro peligro asociado con esto es que muchas veces separa a los cristianos de la comunión con otros hermanos en la fe. Por ejemplo, si eres calvinista, te advierten que te mantengas alejado de los arminianos, y viceversa. A menudo oigo decir: "Soy calvinista porque es el único camino verdadero". Y, por supuesto, si el calvinismo es el único camino, los arminianos deben ser, sin duda, unos herejes de primer orden.

Debemos recordar que todo aquello que entorpezca nuestra comunión es nuestro enemigo. Todo lo que se interponga entre los hermanos cristianos debe ser expuesto por lo que es y entregado al Señor. No sugiero que evitemos tener opiniones sobre ciertas cosas; lo que digo es que si nuestras opiniones nos separan de la sana comunión cristiana, hay algo que anda mal. Quizá haya que entregar esa opinión al Señor.

Creo que el mayor peligro de esto se manifiesta en nuestra proyección al mundo. En lugar de predicar el evangelio sencillo para alcanzar a un mundo perdido, nos sentimos tentados a desarrollar el calvinismo o el arminianismo. Entonces digo yo: ¿qué valor tiene eso? Sin duda que el mundo no necesita el arminianismo, ni tampoco necesita el calvinismo. Lo que el mundo necesita es a Jesucristo. Por lo tanto, todo aquello que aparte nuestra atención y nuestras energías de exaltar a Cristo en este mundo es algo que debemos resolver inmediatamente.

Ofende a nuestro Padre Dios

Quizá otro problema que nos acarrea esto es que ofende al Padre. Lo que hacemos en realidad es pedir al Padre que elija entre dos hijos. Por supuesto, esto es algo que Dios no hará nunca. Jesucristo no sufrió en la cruz para que nosotros discutamos sobre posturas doctrinales. No resucitó de los muertos para que usurpemos una superioridad doctrinal sobre nuestros hermanos.

Para estar seguros de no caer en la costumbre de tergiversar las Escrituras, debemos estar cimentados sobre una enseñanza bíblica sana. Pero no defiendo el tipo de enseñanza bíblica que excluye de nuestra comunión a otros buenos cristianos o que obliga al Padre a elegir qué hijo o hija es la mejor. Fíjate en que el escritor de Hebreos dice: "pero en cuanto a vosotros, oh amados, estamos persuadidos de cosas mejores".

Dios, nuestro libertador
Charles Wesley (1707-1788)

¿Adónde, adónde huiré
sino al pecho de mi amado Salvador,
y en sus brazos vivir ya seguro,
bajo sus alas confiado reposar?

No sé eludir la trampa cruel,
mas tú, ¡oh Cristo!, mi guía serás;
si en la ruina voy a dar,
mayor que mi corazón serás tú.

No tengo fuerzas contra el enemigo,
mas tuyo es el poder eterno;
muéstrame el camino a recorrer,
muéstrame el sendero a rehuir.

Necio, indefenso y ciego,
llévame por camino que no conocí;
llévame donde el cielo pueda hallar,
el cielo de amarte solo a ti.

FIELES EN LA VERDAD
Y EN EL AMOR

*Porque Dios no es injusto para olvidar vuestra obra y el
trabajo de amor que habéis mostrado hacia su nombre,
habiendo servido a los santos y sirviéndoles aún.*
HEBREOS 6:10

Si escribiera a predicadores, sobre todo a predicadores jóvenes,
les diría: "Habéis de cumplir dos requisitos delante de vuestra
congregación. Uno es decir siempre la verdad. El otro es decirla
siempre con amor". Seguro que has escuchado la verdad dicha
de una forma hostil, donde quien la manifestó daba la impre-
sión de estar muy enfadado con la congregación; si se iban todos
al infierno, para él sería perfecto. Y si perdieran todos su fe, él se
lavaría las manos.

El hombre de Dios nunca hace esto. Predica la verdad con
amor. Dios nunca pide a un cristiano que escuche a un hombre
que no predica con amor. Tampoco debería predicarse con amor
pero sacrificando la verdad. De las dos maneras se corre el peligro de sumergirse en aguas profundas.

El escritor de Hebreos era fiel tanto en la verdad como en el
amor. Señaló la incapacidad de ellos para amar y su crecimiento
espiritual entorpecido, y no le resultó fácil decir esto. Les enseñó
el grave peligro en el que se habían metido. Si no tenían cuidado

podían caer en la apostasía y en el naufragio, porque eso ya les había pasado a muchos. Luego se propuso rescatarlos. Escucharás o sentirás el anhelo apremiante del hombre de Dios.

Aun así, no doy el crédito solamente al escritor del libro de Hebreos, porque escucho el latido de algo más grande e importante que él. No es otra cosa que el amor, el cuidado y la compasión del Dios santo, que nos mira desde lo alto con toda la ansiedad de un Padre por sus hijos perdidos, todo el cuidado inquieto del Pastor por sus ovejas perdidas, y todo el amor protector del Espíritu por una moneda perdida. Hay una cosa de la que debemos estar seguros, tanto si escuchamos y obedecemos la Palabra de Dios como si no, y es que Él siempre nos contempla con el amor desesperado del Dios trino.

El escritor se convierte en médico para las almas de aquellos hombres y mujeres. Les habla con tierno afecto. Les anima recordándoles la bondad de Dios para con ellos. Dios no es injusto como para olvidar su trabajo de amor por Él.

Recuerdo escuchar una vez a un predicador que estuvo predicando toda una semana, y se pasó todos los días demostrando que el público no tenía nada de nada. Éramos mendigos espirituales, sin esperanza ni valor, y ninguno de los presentes era espiritual. Desde el pastor al encargado de la limpieza, éramos todos un puñado de personas inconstantes, carnales, mundanas, engañosas y traicioneras. Yo estaba allí sentado y, al final, me desconecté de lo que decía el hermano. No llevaba tanto tiempo entre nosotros como para conocernos tan bien. Incluso, aunque fuésemos tan malos, él no tenía manera de saberlo. Un médico no hace esto. Nunca le dice a un paciente que está más enfermo de lo que está. Siempre lo trata desde el punto en que se encuentre el paciente, acercándose a él todo lo posible.

Este hombre de Dios en Hebreos habló a aquellas personas con un tierno afecto. Lo vemos escrito en esos versículos: "Pero en cuanto a vosotros, oh amados". Les exhortó diciéndoles que

Dios no les había olvidado, y que recordaría lo que habían hecho. Quizá no estaban orando todo lo que deberían hacerlo, pero oraban más de lo que lo hicieron antes. A lo mejor no daban tanto como podrían hacerlo, pero daban más que antes. Posiblemente no eran todo lo que deberían haber sido, pero no eran ya lo que fueron antes de convertirse. A lo mejor habían retrocedido un poco en la fe, pero no habían vuelto al cementerio de Adán. Dios los había ayudado y había hecho algo con ellos. Esto es lo que les dice el escritor de Hebreos en calidad de médico suyo.

Entre nuestros amigos anglicanos encontramos una hermosa palabra en inglés: *curate*. Me fascinó el origen de esta palabra: "un curador, alguien que cura a las personas". Es un médico del alma que predica el evangelio y, por medio de la oración y del amor, cura a las personas; se preocupa por ellas igual que un médico. Esta siempre es la obra de Dios. Si el Señor te hiere, es para poder curarte. Si el Señor te reprende, lo hace para poder enseñarte. Si te disciplina, lo hace para santificarte y hacerte partícipe de su santidad. El escritor dice en este pasaje: "Pero deseamos que cada uno de vosotros muestre la misma solicitud hasta el fin, para plena certeza de la esperanza" (He. 6:11).

Tres niveles de alimento espiritual

Es probable que entre las personas religiosas existan tres clases de individuos. Idealmente, todo el mundo debería pertenecer a la primera clase, pero no suele darse el caso. Esos pocos hallarán las riquezas excelentes de los dones celestiales. Las encuentran por medio de la Palabra de Dios y la oración, entregándose a Él y avanzando por fe en sus caminos. Sin embargo, hay un número más amplio que se satisface con las migajas.

Una vez leí una anécdota que contó D. L. Moody sobre un perro. Cada día el dueño alimentaba al perro con los restos y las migas de la mesa. Nada más, solo restos y trozos de pan. Cuando el dueño acababa de comer, el perro se sentaba a mirarle, con paciencia y expresión triste. El hombre juntaba todos los restos, los llevaba a la cocina y el perro podía comer. Un día tenían invitados, y comentaron que el perro comía las sobras. Uno sugirió que, por probar, le ofrecieran un filete. De modo que le prepararon un plato con un hermoso filete, bien hecho y humeante.

El invitado dijo: "Te apuesto algo a que el perro no se lo come".

"¡Huy!", dijo el dueño, "seguro que sí. Después de tanto comer sobras estará muy contento".

Pusieron en el suelo el plato que contenía el filete, y el perro lo contempló y luego miró a los ojos de su dueño, con mirada interrogante, tras lo cual se dio la vuelta y se sentó a cierta distancia. Había vivido tanto de las sobras que ya no se creía que hubiera algo tan bueno como un filete.

Creo que esto puede pasar; podemos satisfacernos con sobras espirituales. Dios nos alimentará en función de lo que nosotros comamos. Si nos hemos habituado a las migajas, hemos vivido de sobras y hemos desarrollado el apetito por las sobras, eso será exactamente lo que obtendremos.

Esta es la segunda clase y está formada por gente que es del pueblo de Dios, sin duda, pero que han descubierto que no desean especialmente las riquezas excelentes de los dones celestiales.

Sin embargo, detecto una tercera clase, que en muchas iglesias es mayoritaria. Solo disponen de una información difusa sobre la verdad divina, solo sombras en vez de realidades, solo esperanzas sin fundamento en vez de posesiones garantizadas. El apóstol desea aquí que todos ellos entren en la primera clase. No se contenta con que se clasifiquen como "cristianos muy buenos", "cristianos no tan buenos" y "malos cristianos". Quiere que todos sean cristianos de la primera clase, en busca de las riquezas excelentes de los dones celestiales.

Vivan como aquellos que heredan las promesas

Supongamos que en la iglesia a la que asistes solo uno entre cien no alcanzase la meta. Los otros 99 alcanzarían las excelencias de las riquezas de Cristo. Eso sería maravilloso y un triunfo estadístico descubrir que el 99 por ciento de la iglesia lo componían cristianos bendecidos, llenos del Espíritu. Solo uno entre cien se descarrió. Pero para aquel único que se desviara sería una tragedia personal.

Es posible que en un accidente de aviación sobrevivan todos menos uno. Y, si había setenta personas a bordo, los diarios anunciarán alegremente: "solo hubo una víctima mortal". Pero si esa persona fuera tu esposo, no sería un triunfo estadístico, sino una tragedia personal.

Si el barco se hundió con doce personas a bordo y todos menos uno llegaron sanos y salvos a la orilla, eso sería un triunfo estadístico. Pero si el que no llegó fuera tu hijo adolescente que había salido de pesca y tuvieran que dragar el lago para encontrarle, y después de varios días recuperasen su cuerpo, eso sería una tragedia personal.

De modo que es totalmente posible que en nuestra iglesia contemos con un alto porcentaje de personas espirituales. Pero, aunque solo haya una que no lo es, para ella es una tragedia personal. Y si tú fueras esa persona, te digo que te verías inmerso en una tragedia más grande que cualquiera de las que concibió la mente de Shakespeare.

Las Escrituras nos amonestan que debemos ver estos tesoros: "a fin de que no os hagáis perezosos, sino imitadores de aquellos que por la fe y la paciencia heredan las promesas" (He. 6:12). No con pereza, sino con diligencia, siendo seguidores de los mejores cristianos, las mejores personas.

En cuanto a los buscadores de tesoros, supongo que no pasa un año sin que los medios de comunicación hablen de algún tesoro que se está buscando. Se informa de que se ha hundido un barco frente a determinada costa. Salen con un radar y un equipo electrónico para intentar localizarlo. Se sumergen los buzos con la esperanza de ver algo. Muchos exploradores han salido de sus hogares, han padecido, han trabajado e incluso han muerto por encontrar un tesoro. Ha habido aventureros que han bajado al fondo del mar, y prospectores que han dedicado toda su vida a excavar en la tierra.

Si vas al sudeste de Estados Unidos, encontrarás las viejas "ratas del desierto", como los llaman. Llevan toda la vida en el desierto buscando oro. Lo llevan en su sangre, no lo pueden evitar. Van tras el oro. Quizá encuentren el suficiente para ganarse la vida y para no pasar hambre, pero no lo bastante como para poder afeitarse o cortarse bien el pelo, llevar ropa decente o cualquier otra cosa. Se pasan toda la vida buscando oro, pero nunca lo encuentran en cantidades suficientes para que les sirva de algo.

Supongo que si en el infierno hay algún tipo de humor, los demonios se reirán a carcajadas viendo cómo los seres humanos, hechos a imagen de Dios, se pasan la vida excavando en busca de oro y luego lo funden para formar lingotes y lo esconden de nuevo en la tierra que pasaron años excavando para encontrarlo. Me parece que para los hombres hechos a imagen de Dios, creados para buscar los altos cielos como su hogar, esta es una de las tragedias supremas. Lo sacamos del suelo con una gran pérdida y sacrificio, y volvemos a enterrarlo otra vez. ¿De qué sirve ahí enterrado? No se puede comer, no se puede vestir. No se lo puedes inyectar a un moribundo para devolverle la salud. No puedes usarlo para tapar a tu bebé por las noches para que no tenga frío. Ahí está, en sus sacos ocultos; riquezas que nunca pudieron traer paz, reposo, seguridad, vida o felicidad.

Los hombres han renunciado a todo y han buscado tales cosas con gran diligencia. Pero el Espíritu Santo dice: "Pero deseamos que cada uno de vosotros muestre la misma solicitud hasta el fin, para plena certeza de la esperanza, a fin de que no os hagáis perezosos, sino imitadores de aquellos que por la fe y la paciencia heredan las promesas" (He. 6:11-12).

¿Dónde radican las verdaderas riquezas?

¿Qué buscamos? En el libro de Efesios leo: "Bendito sea el Dios y Padre de nuestro Señor Jesucristo, que nos bendijo con toda bendición espiritual en los lugares celestiales en Cristo" (Ef. 1:3). También leo: "para que el Dios de nuestro Señor Jesucristo, el Padre de gloria, os dé espíritu de sabiduría y de revelación en el conocimiento de él, alumbrando los ojos de vuestro entendimiento, para que sepáis cuál es la esperanza a que él os ha llamado, y cuáles las riquezas de la gloria de su herencia en los santos, y cuál la supereminente grandeza de su poder para con nosotros los que creemos, según la operación del poder de su fuerza" (Ef. 1:17-19).

Estas son las cosas que importan. Aunque seas tan pobre como el ratón de iglesia proverbial, aunque mueras en un campo de concentración o en una cárcel, y aunque tu pobre cuerpo sea arrastrado y arrojado por un barranco para alimentar a los buitres, sigues siendo más rico que gracias a todas las riquezas que pudieran darte exploradores, aventureros, prospectores o genios de las finanzas. ¿Qué tesoro buscamos? ¿De qué estoy hablando? Las riquezas del perdón, la libertad interior, vivir para siempre en un hogar glorioso y, por fin, la inmortalidad. E incluso sabemos dónde está. No tenemos que excavar para buscarlo.

Nunca me ha gustado la palabra "aventura" cuando se aplica a la religión. A veces los hombres se ponen poéticos y hablan de "la aventura de conocer a Dios". No, una aventura significa que me voy sin saber muy bien qué ando buscando, qué encontraré, si lo hallaré o dónde lo encontraré, y seguramente me expondré a un gran peligro. A lo mejor no encuentro nada, o quizá muera en el intento. Quién sabe si los buitres acabarán picoteando mis huesos en el desierto, y lo único que quede de mí sean los botones de mis prendas y algún trozo de cuero que las aves no se pudieron comer. O quizá encuentre un gran tesoro, pero al volver con el tesoro me asalten unos bandidos, me maten y me lo quiten, dejando mis huesos allí. Esto es lo que significa "aventura". Significa partir, buscar problemas (alegres, emocionantes) añadiendo, quizá, alguna pequeña recompensa.

No pienses que la religión es una aventura. En seguir a Cristo no hay un solo elemento de incertidumbre. Él es el vencedor. Ha ganado y la batalla es suya, sin posibilidad de perder ni de fracasar. Yo sé adónde ir. No voy por ahí con una rama bifurcada, como hacen los granjeros en busca de agua. No salgo por ahí con un contador Geiger, como quienes buscan metales. No, sé adónde ir, no tengo que seguir buscando. Sé dónde está. Sé que Jesucristo ha sido hecho para mí sabiduría, justicia, santificación y redención. Sé que Dios ha puesto en su Hijo Jesucristo todo lo que necesito ahora y para siempre.

Sabemos que Él es el Dios eterno hecho carne, que habitó entre nosotros. Sabemos que el tiempo y el espacio, el amor y la vida, la esperanza y la paz, las riquezas y la bendición, y todo lo que el alma humana puede necesitar o anhelar se encuentran en la persona de Jesucristo. Nuestro error es que, por el mero hecho de que está ahí, pensamos que lo tenemos, cuando lo cierto es que es posible que no lo tengamos. Puede estar en Cristo, pero no en nosotros. El Espíritu Santo, por medio del hombre de Dios, nos exhorta a no ser perezosos sino diligentes, y a avanzar hacia la plena seguridad de la esperanza hasta el final, para que por medio de la fe y la paciencia heredemos las promesas.

Ahora el Espíritu Santo dice "Apartaos de la pereza". No sé si el animal medio muerto que se pasa la vida en un estado de coma, colgado boca abajo por las patas, fue el que dio origen al nombre de esta condición o si alguien lo miró y le llamó "perezoso" porque existía la palabra "pereza". Pero si quieres saber lo que significa la pereza, fíjate en esa pobre criatura que apenas sabe lo que es, colgado boca abajo prácticamente todo el tiempo.

La advertencia es "No seáis perezosos". No os quedéis colgados en un estado de semiactividad, sino sed diligentes, fervorosos, animosos y cuidadosos.

Oí el caso de una familia en la ciudad de Chicago, Illinois. Era un hogar trágicamente pobre y digno de compasión, pero tenían algo que brillaba como una luz. Eran cristianos, y los dos hijos de la familia querían estudiar. No tenían dinero. El padre, viejo, cansado y sordo, tenía que trabajar de lo que encontraba para ganar dinero. Pero los chicos empezaron a colaborar. Uno solía salir de clase y correr durante diez minutos para llegar a la siguiente clase sin haber comido nada, y pasaba muchos días sin comer nada más que un perrito caliente si se lo podía permitir, entre el desayuno temprano y la cena muy tarde. Se vestían con las prendas más sencillas del mundo.

Los dos muchachos progresaron. Estudiaban de madrugada, y también temprano en la mañana. Se privaron del contacto social propio de su edad. Querían conseguir una educación, costara lo que costase. El resultado es que uno acabó siendo director de un instituto de secundaria y el otro trabajó para el gobierno durante la guerra, gestionando una información científica altamente secreta, y se convirtió en profesor de la Universidad de Ohio. Obtuvieron su educación, pero no fueron perezosos; fueron diligentes. Si los jóvenes dedicasen tanta persistencia y tanta actividad constante para conocer a Dios como lo hicieron esos hermanos para obtener una educación, se encontrarían entre los líderes de su generación para Dios.

Los escritores se someten a un esfuerzo y a una disciplina tremendos para poner por escrito lo que quieren decir. Hablamos de las largas noches en vela, esos momentos en que hay que levantarse de delante de la máquina de escribir y dar vueltas en círculo, preguntándose adónde se habrá ido la continuación de la frase. Si los escritores quieren escribir algo que lea alguien en este mundo, tendrán que darlo a luz. Lo mismo sucede con cualquier profesión. Si quieres hacer algo bien, tendrás que poner toda la carne en el asador.

Sin embargo, algunos afirman: "Despreciamos al mundo, tenemos vida eterna, somos perdonados y el cielo es nuestro hogar. Una mañana gloriosa llevaremos una corona". Pero ¿dónde está la diligencia? Los científicos de este mundo los avergüenzan. Quienes intentan labrarse una educación los avergüenzan. El escritor los avergüenza. Incluso el jugador de béisbol en el estadio los avergüenza.

Imaginemos que le pidiera a un joven: "Oye, muchacho. Quiero que sirvas a Dios ahora".

"De acuerdo", dice él. "Me gustaría ser cristiano. ¿Qué debo hacer ahora? ¿Bautizarme e ir a la iglesia?".

"Sí, ambas cosas. Luego quiero que pongas tanto empeño en servir a Dios como lo hace un *quarterback* en el campo de fútbol. Y si te derriban, sonríe, levántate y sigue corriendo".

Sin embargo, cuando un joven quiere convertirse al cristianismo, le decimos: "Deja de fumar y de beber y de hacer todas esas cosas, y lleva una vida disciplinada". Y él lloriquea como un bebé y dice: "Lo que me pide es demasiado difícil". Nos dicen que si predicamos así, espantaremos a todo el mundo.

Los boxeadores no fuman, no beben ni se pasan la noche en vela, ni frecuentan los clubes nocturnos. Trabajan diligentemente. ¿Para qué? Por la gloria de subir al ring y tener un 50 por ciento de posibilidades de dejar inconsciente a su adversario, o de quedar sin conocimiento mientras unos cuantos espectadores aplauden con sus manos manchadas de tabaco y gritan. Pero cuando pedimos a los cristianos que inviertan esfuerzo en su cristianismo, empiezan a correr como gallinas expulsadas de su nido, cloqueando en todas direcciones, haciendo volar plumas por todas partes y diciendo: "¡Oh, es que vas a espantar a los jóvenes!". No lo creo. Los jóvenes, si son personas como deben ser, si son dignos de la salvación, están listos para invertir algo en su cristianismo.

Por lo tanto, sé diligente y sigue avanzando hacia la plena seguridad de tu esperanza en Cristo. El resultado de esta diligencia es una fe que sea fuerte y esté dispuesta a heredar el cumplimiento de las promesas.

Dios, nuestro auxilio en los pasados siglos
Isaac Watts (1674-1748)

¡Dios, nuestro auxilio en los pasados siglos!
¡Nuestra esperanza en años venideros!
¡Nuestro refugio en hórrida tormenta,
y protector eterno!

Bajo la sombra de tu excelso trono
en dulce paz tus santos moran siempre;
tu brazo solo a defender nos basta,
y nuestro amparo es cierto.

En nuestra vida toda y en la muerte,
en tu promesa nuestra fe ponemos;
y nuestros hijos cantarán gozosos
cuando hayamos muerto.

¡Dios, nuestro auxilio en los pasados siglos!
¡Nuestra esperanza en años venideros!
Sé tú defensa nuestra en esta vida,
y protector eterno. Amén.

(Trad. José M. de Mora)

8

LA FE ES UN VIAJE PARA EL CORAZÓN

*Por la fe entendemos haber sido constituido el
universo por la palabra de Dios, de modo que lo
que se ve fue hecho de lo que no se veía.*
HEBREOS 11:3

En ningún lugar de las Escrituras existe una definición de "fe". Solamente afirma que la fe es la certeza de lo que se espera, la convicción de lo que no se ve (He. 11:1). No nos da una definición de la fe, de igual manera que la frase "Dios es amor" no nos ofrece la definición de Dios ni del amor. La Biblia contiene muy pocas definiciones. Las definiciones tienen relación con la filosofía y la razón, mientras que la Biblia es un libro espiritual dirigido al corazón.

No cabe duda de que la Biblia contiene moral y ética. "Ética" es otra palabra para "justicia", y "moral" tiene que ver con "el bien y el mal". La Biblia no es un libro que razone sobre el bien y el mal. Es un libro con autoridad, que nos dice qué es bueno y qué es malo. Cuando hablamos de la Palabra de Dios, no necesitamos un manual de ética. Dios ha escrito el único manual que es válido y vinculante para todos los seres humanos.

La fe se demuestra, no se define, y me gustaría señalar que este es el ideal de Dios para su Iglesia. La fe o el amor no deberían

93

definirse desde el púlpito, sino practicarse tanto entre las personas que ocupan los bancos como por parte del predicador. Así que aquí tenemos la fe, la certeza de las cosas que se esperan.

Un marine recién alistado pide en matrimonio a una joven antes de partir y sella esa petición con un anillo de compromiso. Ese anillo es la promesa de lo que vendrá. La joven lleva el anillo con mucho orgullo, mostrándolo a todo el mundo. Se ha fijado la fecha para la boda y todo está en marcha.

Imagínate qué pasaría si viniera alguien a esta mujer recién prometida y le dijera: "La verdad es que no creo que te vayas a casar. Creo que todo es un fraude. Tu novio no tiene intención de casarse contigo. Ni siquiera está aquí".

Estoy seguro de que aquella joven prometida no se preocuparía porque le dijeran tales cosas. Después de todo, tiene el anillo, la promesa. Podría volverse hacia su interlocutor y decirle, simplemente: "Aquí tienes mi anillo de compromiso. Este anillo dice que me voy a casar".

Todas sus esperanzas descansan en ese anillo de compromiso. Cada vez que observa ese anillo le recuerda un suceso especial futuro.

"Pero ahora no estás casada", podría objetar alguien.

"No, pero lo estaré en tal fecha".

Ese anillo de compromiso le recuerda la promesa de su futuro esposo. Ese anillo es la expresión tangible del día de su boda. Sin duda, el anillo no puede sustituir a ese día, pero señala a ese instante con una gran dosis de promesa y de certidumbre. Es la evidencia de algo maravilloso que vendrá a su vida en los días venideros. Le aporta la confianza suprema en que pronto se casará.

Este ejemplo no define la fe y ni siquiera la describe. Simplemente nos dice cómo se demuestra la fe. En este mundo debemos caminar por fe.

La ignorancia por designio de Dios

Me gusta pensar que Dios nos lleva a vivir en un maravilloso estado de ignorancia benigna. A algunos no les gusta escuchar esto, pero es cierto. Por lo que respecta a la ignorancia, hay una gran variedad.

Está la ignorancia del hombre que se niega a aprender porque esto acabaría con sus prejuicios. Luego está la ignorancia de la persona que nunca se ha movido mucho de su lugar natal; vive o permanece en su país y en el bosque. Es inteligente pero ignorante. Existe una diferencia entre la ignorancia y la falta de inteligencia. "Ignorancia" significa "no saber".

Por ejemplo, yo soy bastante ignorante del tema de los viajes espaciales. Lo único que sé es lo que leo en los diarios y escucho en la radio; yo no podría pilotar una nave. Si la pilotase, me pasaría 30.000 km de la Luna e iría a parar a alguna montaña. Pero no estoy todo el día con la cabeza agachada pensando que soy estúpido. No es estupidez, solo falta de formación.

Dios nos mantiene en un estado de ignorancia benigna. Con esto quiero decir que ignoramos todo lo que importa, pero sabemos las cosas que no son relevantes. Esto es lo curioso del caso. No sabemos las cosas importantes, y no podemos saberlo "para que nadie se gloríe" en su presencia... "mas el que se gloría, gloríese en el Señor". Siempre ha habido un conflicto entre la razón humana y Dios. La razón humana ha sido siempre el rival de Dios, intentando ocupar su lugar. La raza de Adán cayó el día en que el diablo persuadió a Adán y a Eva de que si tomaban del fruto del árbol en el huerto, se volverían como dioses, sabiendo todas las cosas. Ellos se creyeron la mentira de Satanás y mordieron el anzuelo. En lugar de ser como dioses, sabiendo todas las cosas, cayeron hasta el punto en que fueron incapaces de saber nada de lo que realmente importa.

En consecuencia, el orgullo del ser humano le ha impedido acercarse a Dios en intimidad. Dios no le ha permitido comprender una cuestión fundamental de la vida. ¿Qué es la vida? No lo sé, nadie lo sabe. No puedes explicar la vida porque no puedes comprenderla. Puedes explicar lo que entiendes. Puedes definir lo que comprendes. Pero la vida es una de esas cosas gloriosas que escapan a nuestro entendimiento.

Sabes que tienes consciencia, pero no sabes qué es la consciencia. La consciencia es la conciencia de sí, pero ¿qué es la conciencia de sí? La consciencia. De modo que definimos un concepto con otro y acabamos volviendo al punto de partida.

No intento ser poco serio, es la verdad literal.

Luego tenemos el amor. Nadie sabe lo que es el amor y nadie sabe si es una cosa o no. Cuando intentamos explicarlo o definirlo, parecemos tontos; sin embargo, es maravilloso que podamos disfrutar y experimentar cosas que no podemos definir. Experimentar sin entender es el acto de un niño. El niño come alimentos y no tiene ni idea de qué llevan o de si son saludables para él o no. Experimenta muchas de las facetas variadas de la vida y no entiende ninguna de ellas. Simplemente las disfruta.

Cuando mi padre veía a un caballo que, con la cabeza inclinada, usaba su cuerpo poderoso para tirar de un peso, solía decir que si un caballo conociera su propia fuerza, no la podría controlar. Así que Dios sonríe al ver nuestra razón débil, que nos lleva a vivir como niños. Y así es como lo quiere Dios. Jesús dijo: "De cierto os digo, que si no os volvéis y os hacéis como niños, no entraréis en el reino de los cielos" (Mt. 18:3).

Mientras el profesor culto intenta entrar primero y no lo consigue, el hombre de corazón sencillo, que está dispuesto a experimentar y a dejar que Dios lo entienda, puede pasar una vida feliz en la Iglesia de Cristo y una eternidad gozosa frente al trono de Dios.

La "sub-fe" del mundo

Quienes rechazan osadamente la fe en todas sus ramificaciones, criticando y burlándose de aquellos que insisten en vivir por fe, en el fondo se ven obligados a vivir por lo que yo llamo una "sub-fe". Hoy día hay pseudopensadores que se burlan de la religión porque dicen que exige fe, y ellos no creen en la fe. Sin embargo, cada día se ven obligados a vivir por fe. Cada mañana cuando se levantan, esperan que el sol esté en determinada posición. No piensan dos veces en los alimentos que toman, pero esperan que estén en su mesa. Cada día tienen una expectativa determinada relativa a cada faceta de su vida. Esta expectativa es una "sub-fe", y Dios la aborrece.

Esta "sub-fe" no es una fe de alto nivel; no es una fe salvadora, pero es cierto tipo de fe.

Un hombre camina por la acera, esperando que esa acera aguante su peso. Nunca se plantea lo contrario, porque no cree en la fe; cree en la razón.

Sostiene que la religión está pasada de moda, que es algo obsoleto, porque no descansa sobre la razón como él hace. La razón es su dios. En realidad, solamente se guía por la razón desde el momento en que se despierta por la mañana y se despereza. Hasta ese instante ha vivido por fe, una especie de "sub-fe", y ciertamente no una fe salvadora. Debemos distinguir la fe bíblica de cualquier otro tipo de fe.

Quienes adoran la razón como su dios se encuentran sometidos a una esclavitud terrible. Hay cosas que la razón no puede entender. Aquí es donde entra en acción la fe.

La razón sirve a la fe bíblica

Cuando hablamos del reino de Dios, el dios "razón" adopta el papel de un siervo. La razón tiene un propósito en el reino de

Dios, pero debe ser nuestro siervo, no nuestro señor. El cristianismo no es irracional, pero nuestra vida tampoco se fundamenta en las cosas que podemos razonar. No, el cristiano entra en un reino donde la razón es una sierva. El cristiano vive por fe, no por la razón. En la frontera de la razón, la fe toma el mando. Para el creyente, la fe se ha convertido en un órgano de conocimiento, que abre amplias áreas de entendimiento que la razón nunca puede alcanzar.

Lo que no puedo saber por la razón puedo conocerlo simplemente al creer. El escritor de Hebreos dice que "por la fe entendemos" (He. 11:3). Este es el gran misterio del camino de fe del cristiano. La fe cristiana se convierte en un órgano de conocimiento. Por fe entendemos todas las cosas que Dios nos ha puesto delante. Déjame que diga claramente que la fe no sustituye a la realidad. Llegará un momento cuando la fe deje paso a la vista.

Hebreos 11:3 nos dice que por medio de la fe "entendemos haber sido constituido el universo por la palabra de Dios, de modo que lo que se ve fue hecho de lo que no se veía". Obviamente, aquí el escritor tenía en mente la doctrina mundana de la materia. Si recuerdas, había una doctrina que sostenía que la materia es eterna, que nunca hubo un momento en que las cosas no existieran. Todos estábamos allí, y lo que vemos es el resultado de una redisposición de la materia que no tuvo un principio, que siempre existió. Tras el mundo visible y temporal no hay un mundo invisible y eterno. Pero el Espíritu Santo, aquí, en estos versículos, nos ofrece la verdad de que lo visible nació de lo invisible. Las cosas que se ven surgieron de aquellas que no se veían. La materia surgió de lo espiritual y, antes de todas las cosas, estaba Dios.

Sin duda que la fe no crea estas cosas ni tampoco las imagina. No es cuestión de imaginación. La mujer recién comprometida no se imagina que un día se casará. El anillo de compromiso que lleva es una evidencia de lo que será. No puede crear algo solo a fuerza de creer en ello con la intensidad suficiente. Hoy día la gente nos anima diciendo: "Centra tu mente en ello. Lo único que necesitas es proyectarte fuera de tu subconsciente, y sucederá".

Una vez participé en un seminario sobre el subconsciente. El conferenciante decía que el subconsciente es la consciencia por debajo de la consciencia, y es el capitán de tu vida. Lo extraño es que tu subconsciente se sienta y espera que tu consciencia le hable. Si tu consciencia dice a tu subconsciente "Hoy te sentirás bien todo el día", hoy te sentirás bien.

Esta fue la filosofía de Émile Coué de Châtaigneraie (1857-1926), psicólogo y farmacéutico francés que introdujo un método psicoterapéutico y de automejora basado en la autosugestión optimista.

Su lema era: "Cada día, y de todas las maneras, soy cada vez mejor". Incluso tenía un rosario hecho con un cordón. Decía: "toma un cordón y átale nudos y, cuando te levantes por la mañana, agarra tu cordón y ve tocando los nudos uno por uno. Cada vez que llegues a un nudo, di: 'Cada día, y de todas las maneras, soy cada vez mejor'".

Lo curioso del caso es que un día cayó fulminado y dejó de estar en el mundo. En lugar de "Cada día, y de todas las maneras, soy cada vez mejor", cada día que pasaba estaba más muerto y, en ese momento, ya no estaba tan bien como antes, al menos físicamente. Así es como lo aplican. El subconsciente espera que tu consciencia le hable. Cuando comas, dile a tu estómago: "Ahora, estómago, digiere esto. Que circule la sangre y actúen los ácidos". Decía que si hablamos a nuestro estómago, nuestro subconsciente se encargará de cumplirlo. En mi vida le he hablado a mi estómago, y siempre he podido digerir la mar de bien mi comida, a menos que, como es lógico, haya comido en exceso y no merezca tener una buena digestión.

Conozco una manera mejor. Centra tu vida en cosas mejores e ignórate a ti mismo. Puedes acabar tan concentrado en tu cuerpo y en tu consciencia que te hundas hasta el cuello en arenas movedizas. Da gracias a Dios, haz tu trabajo y Él se encargará del resto, en lugar de decir a tu estómago "Digiere, come". La humanidad lleva haciendo esto desde que Adán y Eva anduvieron por el mundo, y seguirá haciéndolo durante muchísimo tiempo más si el Señor no viene antes.

Unos ojos para ver lo que realmente está ahí

La fe no es un órgano de la imaginación, sino del conocimiento. Nos permite ver con los ojos de la fe lo que realmente está ahí. Esta fe no proyecta cosas imaginarias, las contempla y luego dice "Ahí están". No hay trucos de la ilusión para crear algo que no está ahí. Por medio de la fe podemos ver la realidad de las cosas.

Los milenios venideros no son una proyección de nosotros mismos por medio de nuestra imaginación, sino que vemos el milenio futuro con los ojos de la fe y sabemos que vendrá sin duda. Nadie proyecta desde sí mismo la idea del cielo y luego dice: "Algún día iré al cielo". Sin duda yo no querría ir a un cielo que hubiese proyectado con mi imaginación finita. Busco algo más trascendental. Jesús dijo: "Y si me fuere y os preparare lugar, vendré otra vez, y os tomaré a mí mismo, para que donde yo estoy, vosotros también estéis" (Jn. 14:3). Después de haber dicho esto, fue y lo hizo. ¿Cómo sé que hizo todo esto? Por fe. La fe es el instrumento que me permite saber qué es cierto. Lo sé porque Él dijo que fue así, y hasta el momento no ha fallado en nada.

Las manos de nuestro Señor han cumplido o cumplirán todo aquello que ha sido prometido en la Palabra de Dios. La fe no hace más que confiar en la confiabilidad de Dios, creer que lo que dijo es lo que ya ha hecho por nosotros.

No vivimos en el mundo de la imaginación; es el mundo que

vive en la imaginación. Oigo y leo cosas que no creo; no tengo fe en ellas. Escuché por la radio un discurso que pronunció Dag Hammarskjold, secretario de las Naciones Unidas. Fue un buen discurso, es cierto, y dijo algunas cosas agradables que esperábamos que dijese. Pero todo era imaginario. Damos por hechas cosas que no lo son, y luego edificamos sobre ellas. Damos por hecho que todo el mundo tiene buena intención, y que si confiamos en las personas, todo irá bien.

Hay personas que no tienen buena intención. Solo un necio creería que Khruschev tenía buena intención, o Stalin, o Hitler, o cualquier otro como ellos. Pretendían conquistar y esclavizar a las personas. Solo un idiota que viera cómo se le acerca un hombre armado con un cuchillo manchado de sangre se quedaría quieto diciendo: "Tiene buena intención". Sería lo último que diría. Algunas personas no tienen buena intención. Los hombres malvados y seductores seguirán empeorando hasta que venga el fin.

Lee el libro de Apocalipsis y verás si todos los hombres tienen buena intención. Lo único que tienes que hacer es darles un poco de adulación y una palmadita en el hombro, y todo irá bien. No, hermano, acepta que no funciona así. Existe una realidad que podemos ver y tocar; luego hay otra realidad que no podemos ver ni tocar pero en la que podemos creer. Quiero vivir para esa realidad, porque todas las cosas, por muy reales que sean, por muchos Hitler, Stalin, Lenin y demás que haya, son solo temporales. Fueron reales, pero transitorias, y ahora ya no están. Pero esa ciudad eterna que tiene un fundamento cuyo arquitecto y constructor es Dios no empezó en el mundo ni acabará en él. No es víctima del tiempo ni hija de los años pasajeros. Salió del corazón de Dios, y las mansiones que contiene fueron hechas por las manos de Dios y para su pueblo. Sabemos esto por fe.

La fe es un órgano de conocimiento; es decir, que no somos imaginarios ni estamos llenos de espejismos vanos, circulando por ahí confiando en cosas que no existen, levantándonos a base de tirarnos de los cordones de los zapatos. Somos aquellos que han escuchado la voz más allá de la materia, la voz más allá de la creación. La voz que hizo que fueran todas las cosas. Hemos escuchado esta voz que dice que la materia no es eterna y la hemos creído. Solo hay uno eterno, que es Dios. La materia es la obra del eterno. Y las cosas visibles fueron hechas por las invisibles. Las cosas espirituales hicieron las materiales. De modo que los cristianos viven para un mundo que no es este. Cuando escuchamos la voz de Dios que habla con cariño a nuestros corazones, escuchamos la misma voz que, con poder, creó todas las cosas.

Yo veo otra ciudad. Abraham la vio y después de ello no volvió a vivir en ninguna ciudad. Desde aquel momento vivió en tiendas. Quizá alguien podría decirle: "Abraham, ¿por qué no construyes una ciudad?". Le oigo contestar: "Después de haber visto una ciudad no hecha de manos, me avergonzaría vivir en otra ciudad. Me quedaré en mi tienda, una vieja tienda, hasta que vea esa ciudad que tiene fundamentos cuyo arquitecto y constructor es Dios".

Esto es fe. Somos salvos por fe, y el Señor me dice: "Cree en mí, sígueme". La fe no es un viaje que hacen los pies, sino un viaje para el corazón. La fe no es un acto de la razón, sino de la voluntad; y el seguimiento no es un acto que se hace una sola vez, sino un acto constante que empieza cuando nos convertimos. No se acaba mientras transcurren las largas eras.

La fe es la sustancia, es la seguridad, es el cimiento de piedra; la fe es lo que traduce lo invisible en lo visible, que toma las cosas que no son y hacen como si fueran. La fe traduce el mundo invisible en el visible, de modo que, con los ojos de la fe, puedo ver lo que ha hecho Dios.

Jerusalén, la dorada
Bernardo de Cluny (siglo XII)

Jerusalén, la dorada, con leche y miel bendecida,
bajo tu contemplación se elevan corazón y voz oprimida.
No conozco, no conozco qué goces, qué resplandor de gloria,
qué éxtasis incomparable nos esperan allí.

Están las mansiones de Sion jubilosas con cánticos
y luminosas con muchos ángeles y con la multitud de mártires;
el Príncipe está siempre presente, la luz de día es despejada.
Los prados de los benditos están adornados en
glorioso esplendor.

¡Oh dulce y bendito país, el hogar de los elegidos de Dios!
Oh dulce y bendito país, la esperanza de corazones ilusionados.
Jesús, en misericordia tráenos a aquella amada
tierra de descanso,
tú, con el Padre y el Espíritu, siempre bendito.

9

LA NATURALEZA PERTURBADORA DE LA FE

Por la fe dejó a Egipto, no temiendo la ira del rey;
porque se sostuvo como viendo al Invisible.
HEBREOS 11:27

La fe real no solo hace algo por nosotros, sino que hace algo en nosotros. La fe no es pasiva. Como decían los antiguos luteranos: "La fe es una cosa perturbadora". Te sientes inquieto hasta que tu fe encuentra su objeto en Jesucristo y halla la paz. Pero al principio es tremendamente incómoda, aunque también es gloriosa y salvadora.

Moisés era un israelita del pacto, hijo de Abraham. Sin duda, esa era su condición cuando empieza esta historia. Había salido de la tierra de la promesa. Dios había dado a Abraham lo que hoy llamamos Tierra Santa, y se suponía que Moisés debía estar en la Tierra Santa que Dios había dicho a Abraham, su padre, que le daría. Pero Moisés estaba lejos de esa tierra, en Egipto, y desvinculado de su pueblo. Estaba en la corte de Faraón, y su pueblo estaba disperso por toda la tierra de Gosén. Estaba aislado de la vida del bendito pacto. Vivía entre los paganos, rodeado de dioses falsos.

No sé cuándo se abrieron los ojos de Moisés, pero Hebreos 11:24 dice: "Moisés, hecho ya grande". El día en que Moisés alcanzó la mayoría de edad, mental o espiritualmente, se sintió extrañamente inquieto. Su vida, como suele decirse, era un lecho de rosas. Era el supuesto hijo de la hija de Faraón y disfrutaba de todo el lujo de la corte. Supongo que estuvo sentado en el regazo de muchos reyes y potentados a medida que crecía. Disponía de todo lo que podía ofrecerle un rey en Egipto, que en aquella época era uno de los países más importantes del mundo, si no el más importante, y Moisés podía haber dado por hechas las cosas. Podría haber envejecido, engordado y al fin muerto en Egipto, siendo aún el hijo de la hija de Faraón. Pero cuando se hizo mayor de edad, se despertó espiritualmente.

No se nos dice cómo sucedió, pero empezó siendo algo de lo que apenas fue consciente, y luego creció y se profundizó hasta que, al final, no dejaba de decirse a sí mismo: "¿Qué hago viviendo en el lujo de la corte de un emperador pagano cuando pertenezco a mi propio pueblo, porque soy judío?". No sé quién le dijo que era judío. Quizá su verdadera madre le hizo llegar la noticia cuando fue lo bastante mayor como para comprenderla. No se me ocurre qué razón podría haberle inducido a adivinarlo, pero el caso es que se despertó a la realidad de que no pertenecía a aquel lugar.

Un gran despertar espiritual

Fue un gran despertar para Moisés, quien experimentó un hambre difusa pero real. Cuando un hombre experimenta un despertar espiritual, siempre es un momento trascendental para él.

Pensemos en las inmensas multitudes de personas. Vienen y van, edifican, plantan y cosechan, siembran, se casan y se dan en casamiento, viajan, trabajan, duermen, juegan, comen y ríen, y hacen todas las cosas propias de los seres humanos, pero nunca experimentan un despertar gracias a una voz interior. Son solamente lo que Dios hizo de ellos, descendientes de Adán, y con un poco de educación a modo de barniz, pero sin un despertar espiritual.

Moisés tuvo un despertar espiritual así. Llegó al conocimiento de quién era. Antes de eso no hacía otra cosa que seguir con su vida, aceptando que todo era como debía ser. Todo iba de maravilla, así que se dejaba llevar. De repente descubrió lo que podía ser y no era, y lo que era y no debía ser. En la vida de cualquier hombre, este es un día sagrado: aquel en que ve más allá de las falsedades del mundo.

El mundo de ahí fuera está jugando al juego de las confianzas, embaucando, manchando, engañando y maldiciendo, y la mayoría ni se da cuenta. Son víctimas tan dóciles como un cordero al que llevan al matadero. Y unas pocas personas, por la gracia de Dios, se despiertan cuando llegan a la mayoría de edad y sienten que sus pecados les repugnan. Muchas personas se salvan gracias a esa reacción moral.

Tomemos a una persona que sabe que ha pecado y que rechaza su pecado. Cuando se convierte, es probable que el efecto rebote le lleve mucho más allá del otro extremo. Eso es exactamente lo que le pasó a Moisés. "Aquí estoy, viviendo en el lujo del país más grande del mundo, como un impostor, afirmando ser egipcio cuando en realidad soy un hebreo que intenta comportarse como el hijo de la reina. No soy un príncipe; soy solo un hebreo nacido del linaje de Abraham, y todo esto está mal, es caótico". Gracias a Dios, llegó a la mayoría de edad.

Supongo que empezó a odiar al mundo, odiar a Egipto y odiar la corte real con su humor barato y sus pretensiones huecas, sus promesas mentirosas, y se dijo a sí mismo: *Creo que hay más esperanza en Dios y en el Dios de mi padre Abraham de la que hay aquí, en la corte de Faraón.* Llegó un día que señaló en el calendario y dijo: *Hoy dejo de fingir. Ya no voy a fingir que soy algo que no soy. Hoy me despido de la corte de Faraón.*

La hija de Faraón era su supuesta madre y debió ser la única madre que conoció. Estoy seguro de que no le resultó fácil dejarla. Estoy muy seguro de que le costó abandonar a sus amigos, porque tenía amigos y porque estaba en deuda con el viejo Faraón y con su pueblo y le resultaba difícil volverse contra ellos. Pero llega un momento en que tienes que volverte contra alguien porque si no, morirás. Moisés se vio atrapado en las redes del mundo y la única manera de salir de ellas fue mediante una rebelión decidida.

Las únicas personas que van al cielo son rebeldes conquistados, personas que se han rebelado contra su pecado. No es una rebelión contra Dios. Fue una rebelión contra Dios, pero ahora es contra el enemigo; contra el mundo, el demonio y la carne.

Personalmente, no me gusta que una persona se convierta muy fácilmente, puesto que si se convierte fácilmente, puede renegar de su fe con la misma facilidad. Pero una persona difícil de convencer, que lo pasa mal cuando se convierte, toma una decisión que suele mantener firme durante el resto de su vida. Pablo era una persona difícil y, cuando se convirtió, no miró atrás ni siquiera una vez, sino que prosiguió avanzando.

De modo que Moisés, el supuesto nieto de Faraón, se convirtió de repente y dijo: *Ya no seré esclavo del demonio; no seré más una víctima del pecado; no permitiré que el mundo me esclavice; ya no me inclinaré ante él, de modo que me despediré de mi madre.* Si la hija de Faraón aún estaba viva, y seguramente fue así, Moisés tuvo que ir y despedirse. Estoy seguro de que ella no lo entendió y puedo imaginar una escena triste donde ella le decía, entre lágrimas: "¿No hemos hecho por ti todo lo que era posible hacer? Te has vestido con las sedas más finas. ¿Qué más podríamos haber hecho por ti?".

Moisés debió decirle: "Madre, no quiero que pienses que soy un desagradecido, pero tengo otra sangre en mis venas y no soy egipcio. Reclamo mi parte del pacto con mi padre Abraham; y si me quedo contigo, tendré que renunciar al pacto y no quiero hacerlo". Supongo que se despidió de su vieja madre con un beso y un abrazo y luego se fue de allí y no regresó hasta que Dios le envió, años más tarde, para libertar a Israel.

Cuando Dios le envió de vuelta, Moisés sabía muy bien lo que debía hacer. Sabía por qué puerta entrar, dónde encontrar a Faraón; lo sabía todo porque de pequeño se había criado allí. Sin duda, Dios eligió al hombre correcto para enviarlo a Faraón y decirle: "Deja ir a mi pueblo". Nadie más lo habría hecho tan bien como un joven criado en palacio. Le reconocieron en cuanto le vieron acercarse, y dijeron: "Ahí está ese hombre. Ahora es mayor, pero es él". Cuando dijo adiós a su madre, optó por marcharse; "elegir" es uno de los verbos cruciales en la vida religiosa. No solo renunció a algo, sino que eligió otra cosa.

Elegimos lo que apreciamos

Cuando dejas tu vieja vida, debe producirse una renuncia, y eso siempre es negativo. Pero recuerda que no te salva aquello a lo que renuncias; eres salvo por aquello que eliges. Moisés no solo renunció a su vida en Egipto con todo lo que eso significaba. Eligió a Jehová, mirando al frente, al futuro, como hizo Abraham, al día de Cristo. Eligió el pacto; eligió la redención; eligió unir su destino al pueblo del pacto; eligió pagar el precio que fuera necesario y padecer aflicciones con los hijos de Dios antes que disfrutar de los placeres temporales del pecado.

Normalmente pensamos que nuestro pecado es una carga pesada, pero a menudo es algo placentero. Por eso puede ser tan peligroso. Moisés eligió los placeres del reino de Dios antes que los del pecado. Eligió las aflicciones del reino antes que los placeres del pecado. Estimó las riquezas de Cristo, sus reprensiones, como riquezas más grandes que los tesoros de Egipto. Dios le dijo: "Moisés, si te quedas en Egipto, serás rico; tendrás tesoros; pero si vienes conmigo, tendrás problemas. ¿Qué elegirás? ¿Problemas conmigo o tesoros con Faraón?".

Moisés dijo: "Oh, Dios, como hijo de Abraham prefiero compartir los problemas del pueblo de Dios". Por consiguiente, se unió al pueblo de Dios, se identificó con este antes que continuar con los placeres del pecado, renunciando a Egipto y sin temer la ira de Faraón. Esa pequeña frase incluida parece indicar que cuando el rey se enteró de que Moisés se había ido, removió cielos y tierra para encontrarle. Intentaba con empeño hacerle volver, pero no funcionó, porque aquel hombre "calculó". Es decir, que fijó determinados valores.

Debemos fijar ciertos valores con determinadas cosas. Debemos decir: "¿Esto es más importante para mí que la cruz?".

Cuando vas a comprar algo, dices: "Ha sido un capricho que no me ha costado caro". Pero si es algo que cuesta mucho dinero, haces ciertos cálculos, y no agarras lo primero que ves y corres. Fijas unos valores y dices: "¿Me lo puedo permitir? Bueno, pienso que quizá me pueda permitir esto, pero aquello no". Lo que haces es atribuir un valor a las cosas. Moisés, el hombre de Dios, tuvo que hacer eso.

"Muy bien", dijo Dios, "tienes que tomar una decisión. ¿Vas a vivir cómodamente, jugar y estar a gusto, viendo cómo todo el mundo te hace reverencias? ¿O te unirás a mi pueblo, mi grupo minoritario, donde recibirás reproches por tu fe?". No creo que Moisés se decidiera en cinco minutos. Creo que pudo haber dicho: "Dios, dame un día para pensarlo, o mejor una semana". Creo que la decisión fue creciendo en su interior mientras pensaba en ello.

Sus valores se alteraron y cambió el lugar del placer por el del reproche. La maravillosa paradoja es que ese reproche le pareció más agradable que los placeres de los que disfrutaba antes. A los cristianos siempre les pasa esto.

Creo que en todo el mundo hay cientos de miles de personas que no se harán cristianos porque temen los reproches. La Biblia no tiene nada bueno que decir de ellas. En Apocalipsis

21:8 dice: "Pero los cobardes e incrédulos, los abominables y homicidas, los fornicarios y hechiceros, los idólatras y todos los mentirosos tendrán su parte en el lago que arde con fuego y azufre, que es la muerte segunda". El hombre o la mujer que teme seguir al Señor porque no quiere que nadie le reproche nada, saldrá perdiendo; Dios no puede hacer nada por ella. Sin embargo, el hombre o la mujer que siga a Cristo, a pesar de los reproches, será salvo.

Moisés "dejó"

Luego hallamos esa palabra maravillosa: "dejó". No hay salvación sin abandono, aunque la renuncia no sea la salvación. No hay salvación sin renuncia, pero la renuncia no es la salvación. El desprendimiento, el abandono y la renuncia son necesarios antes de que podamos volvernos al Señor.

Nadie se queda en un barco que se hunde cuando es evidente que se va a pique. En las Fuerzas Aéreas, cuando un avión cae en picada, el piloto no se queda y muere. Le han enseñado a saltar, tirar de la cuerda del paracaídas y descender flotando, de modo que otro día pueda volver a intentarlo. Pero la única manera de ser salvo cuando caes de un avión es que se abra el paracaídas. La única manera de salvarse de una casa en llamas es levantarse y huir de ella. De modo que Moisés previó, y se sostuvo viendo a aquel que era invisible.

Los cristianos son gente extraña. Ven cosas que no se ven y oyen cosas que no se pueden oír, y hablan con alguien que es invisible. Se enfrentan a reproches. Si vas a la iglesia una vez a la semana, nadie lo tiene en cuenta. Eres un buen ciudadano. Pero si te lo tomas en serio y vas a la iglesia siempre que están abiertas sus puertas, la gente dirá que necesitas un médico.

Debemos sostenernos viendo a aquel que es invisible. Hay momentos en los que no puedes confiar en los amigos que te rodean. No es que sean falsos, pero no sabes muy bien a quién creer.

Sin embargo, no empieces a decir: "No entiendo cómo la hermana tal y cual puede hacer lo que hace y ser cristiana. No entiendo cómo el hermano tal y cual puede actuar así y ser cristiano". No nos convertimos para mirar a nuestros hermanos y hermanas. Lo hacemos para mirar a Jesús, el autor y consumador de nuestra fe. Nunca nos decepcionará. Nunca habrá un día cuando digamos "No entiendo cómo el Señor hace esto". Siempre diremos: "Tus juicios son verdaderos y justos" (Ap. 16:7), y "guíame por la senda de tus mandamientos, porque en ella tengo mi voluntad" (Sal. 119:35). Por lo tanto, soportemos, viendo a aquel que es invisible y, como Moisés, nos irá bien y la gloria de Dios será nuestra recompensa.

Tu voluntad, Señor, no la mía
Horatius Bonar (1808-1889)

Tu voluntad, Señor, no la mía,
por oscuro que esté todo;
llévame de tu santa mano,
elige para mí el sendero.

Sea liso o sea abrupto,
siempre será lo mejor;
sea recto o sinuoso,
a tu reposo conduce.

No quiero elegir mi camino,
no lo haría si pudiera;

elige tú por mí, Dios mío,
para que recto camine.

Toma mi copa y de gozo
o de tristeza la colmes,
como mejor te parezca;
decide mi bien y mi mal.

Elige por mí mis amigos,
mi salud o enfermedad,
elige por mí mis problemas,
mi pobreza o mi riqueza.

Que seas tú quien decida
en lo grande y lo pequeño;
sé tú mi guía, mi fuerza,
mi sabiduría y mi todo.

10

LA FE PRODUCE HÉROES ESPIRITUALES

Por la fe Abraham... por la fe Moisés... por la fe Rahab la ramera... ¿Y qué más digo? Porque el tiempo me faltaría contando de Gedeón, de Barac, de Sansón, de Jefté, de David, así como de Samuel y de los profetas; que por fe conquistaron reinos, hicieron justicia, alcanzaron promesas, taparon bocas de leones...
HEBREOS 11:17, 23, 31-33

Como un hombre que ha encontrado un gran tesoro y vuelve mil veces a examinarlo, contarlo y sentirlo, nosotros hacemos lo mismo con las palabras "por la fe". Este es el clamor poderoso y triunfante del pueblo de Dios. "Por la fe" hicieron esto, demostrando que la fe no es algo imaginario, sino dinámico y poderoso, que realmente consigue cosas.

Al contemplar a estas personas en el undécimo capítulo de Hebreos, fijémonos qué distintas son unas de otras.

Una de las trampas de la vida cristiana estriba en pensar que todo el mundo tendría que ser igual. Un solo vistazo a las Escrituras desmiente por completo esta idea. Dios nunca pretendió que todas las personas fueran idénticas. Basta con que vayas a la naturaleza para ver en ella la mano de Dios. No hay dos copos de nieve idénticos. Mira los árboles del bosque. Dios no creó un solo tipo de árbol. No, Dios creó todo un bosque de árboles tan distintos entre sí como la noche del día. Incluso si plantas árboles de la misma especie unos al lado de otros, verás que, a medida que crecen, lo hacen de distinta manera.

Dios no se repite en la naturaleza, ni tampoco entre su pueblo. Todos sus miembros tienen diferentes puntos fuertes y débiles. Lo que tienen en común no es lo exterior, sino la pasión interior por Dios. Fíjate en los grandes héroes de la fe y descubrirás que esto es totalmente cierto.

Abraham y Jacob

Tomemos por ejemplo a Abraham y a su nieto Jacob. No podemos imaginar dos hombres con temperamentos más dispares. Abraham era un anciano, un caballero cortés y digno que nunca aceptaba hacer nada que no fuese correcto, y te caería bien. Pero su nieto Jacob tenía otro tipo de personalidad muy diferente. Era un suplantador. Siempre hacía cosas vergonzosas que no eran nada agradables. Es decir, lo fue hasta que el Señor le convirtió en Israel. Era un personaje no muy respetable y, sin embargo, Dios lo puso a la par con Abraham, porque Dios estaba ocupado santificándolos. No se parecían más que en una cosa: ambos creían en Dios y tenían fe.

José y Moisés

Luego tenemos a José y a Moisés. José era uno de los hombres más amables del mundo. No se podría hallar a alguien más apacible que él. No se enojó con sus hermanos cuando ellos descendieron a Egipto.

Moisés no se parecía en nada a José. Moisés tenía un temperamento fogoso. Tuvo un arrebato de ira y mató a un egipcio. Más adelante, golpeó una roca gritando "¡Sois rebeldes!". No era un hombre tan sereno como José, pero aun así Dios vino a José y a Moisés y los bendijo a ambos.

Sara y Rahab

Llegamos a Sara y a Rahab, dos mujeres a las que se menciona en este capítulo undécimo de Hebreos. Sara era una buena mujer, una mujer intachable, mientras que Rahab era ramera. Sin embargo, ambas tuvieron fe, se convirtieron y fueron regeneradas. Dios bendijo a ambas.

Por consiguiente, vemos que Dios obra por medio de su Espíritu para bendecir y honrar las diferencias entre las personas, además de sus similitudes. Dios acepta distintas personalidades y se manifiesta a ellas.

Por lo que a mí respecta, me alegro de que no nos parezcamos. Por ejemplo, en tu casa habrá todo tipo de aparatos eléctricos y lámparas. Todos son diferentes. La tostadora no se parece a una lámpara. Todos tienen una función y un propósito distinto en el hogar, pero todos funcionan con electricidad. La misma energía que activa la cafetera hace que funcione tu estufa eléctrica.

De igual manera, los cristianos tienen todo tipo de tamaños, formas y colores. Difieren unos de otros en su raza, idioma, punto de vista, talento y edad. No obstante, el mismo Espíritu Santo los capacita para vivir para Cristo. No puedes conocer a una persona por su apariencia exterior.

En ocasiones, los cristianos se fascinan por un hermano en el Señor que tiene grandes dones y es espiritual. Le admiramos e incluso escribimos la historia de su vida, pero no querríamos por nada del mundo que alguna otra persona fuera exactamente como él.

Si lo miras desde el punto de vista congregacional, no querrías que todos los miembros de nuestra iglesia fuera como algún santo de la antigüedad a quien admiramos. Francamente, nos resultaría bastante complicado convivir con esas personas en un mismo entorno.

A menudo, un joven que desea ser predicador se fija en

alguien como Billy Graham y quiere ser como él. Dios hizo a un solo Billy Graham. Dios hizo a un Billy Sunday, a un A. B. Simpson, a un D. L. Moody. Si somos sinceros, eso fue suficiente.

Cuando alguien intenta copiar a uno de sus héroes espirituales, lo único que consigue es imitar sus excentricidades. Nunca logra imitar el poder o la utilidad del hombre de Dios.

No intentes ser como nadie excepto en estas áreas: hemos de tener fe, hemos de amar a Dios y debemos obedecerle. Aparte de estas cosas, debemos ser totalmente distintos.

Dios no hará nada que no volvería a hacer

Dios, siendo quien es, nunca es rutinario. El plan de Dios no cambia de una generación a la siguiente. El hombre, creado a imagen de Dios, habitualmente se encuentra sumido en una rutina, haciendo lo mismo una y otra vez, mucho después de que su actividad haya perdido su sentido y su propósito. Dios nunca es así. Las personas se aburren y siempre andan buscando algún invento nuevo para satisfacer una imaginación veleidosa. Pero Dios no es así. A Dios le complace hacer lo que ha hecho en el pasado. Una cosa que me ha consolado a menudo es que lo que ha hecho Dios por un miembro de su pueblo lo hará de nuevo por cualquier otro.

Aunque mi vida es tremendamente distinta a la de otros, hay un mismo Dios que obra en mí y por medio de mí. Me consuela grandemente el hecho de que el Dios que obró en y por medio del apóstol Pablo es el mismo Dios que obra en y por medio de mí hoy.

A menudo me he desanimado un poco tras leer la biografía de algún gran santo del pasado. El motivo es que me comparo con esa persona. Es posible salir muy perjudicado al leer la biografía de algún gran hombre o mujer de Dios en el pasado, si luego nos sentimos tentados a compararnos con ellos. El gran perjuicio radica en el hecho de que todos nosotros somos muy diferentes y susceptibles de pasar por pruebas y tentaciones distintas. Por consiguiente, la victoria de un hombre es suya y de nadie más.

Dios obra por medio de cada uno de nosotros

Hay una antigua canción de campamento que me gustaba cantar y decía: "Que la conciencia no te haga vacilar ni soñar en ser perfecto". La tentación está en sentirse inferior, tanto moral como espiritualmente, a algunos de los grandes santos del pasado. Te recomiendo que apartes de ti tales ideas. No permitas que el enemigo de tu alma te robe esa cualidad única que Dios te ha concedido. Estudia a los grandes hombres y mujeres de la Biblia, y luego estudia a los hombres y mujeres en la historia de la Iglesia. Descubrirás algo encantador: todos eran distintos moralmente, pero la fe fue el factor dominante de su vida.

Si lees los relatos bíblicos de Abraham, Moisés, Sansón, Sara y Rahab, descubrirás las diferencias abismales entre todas estas personas. Dios no obró de la misma manera en ellas, ni hoy obrará de igual modo por medio de cada uno de nosotros. Dios tiene reservadas tareas distintas para nosotros en el reino. Todas estas cosas se consiguen mediante un ingrediente espiritual primario, que es la fe.

Lo he visto muchas veces. Cuando el hombre que lleva 25 o 30 años como pastor de una iglesia se jubila, la junta eclesial busca un nuevo pastor. Al final llaman a un joven para que guíe al rebaño. Entonces empiezan los problemas. Algunas de las personas más mayores de la iglesia, sin quererlo, hieren al joven cuando este intenta hacer la obra que Dios le ha llamado a hacer. A lo largo de los años se habían acostumbrado a la voz áspera del anciano que estaba en el púlpito. En él todo les parecía familiar y habían llegado a quererle.

El pastor nuevo no se parece en nada al anterior. Sí, predica usando la misma Biblia y transmite el mismo evangelio, pero en las mentes de algunas de las personas más mayores hay un obstáculo. Se han acostumbrado a la actuación externa de un pastor que, seguramente, los bautizó y los casó, y ofició en los funerales de algunos de sus seres queridos. Lo que tiene que aprender la congregación, y aprenderlo rápido, es que Dios no bendice a alguien porque sea viejo o porque sea joven. Bendice a las personas por su fe. Las bendice no porque tengan una voz agradable o áspera, sino por su fe. Sin quererlo, la congregación puede obstaculizar lo que Dios quiere hacer.

Hoy día, como entonces, hay santos, pero normalmente los que lo son no se llaman así excepto en el sentido teológico, y no saben que son una gran bendición para otros. Podemos ser en nuestros tiempos lo que fueron esos héroes pasados en los suyos. Ten en cuenta que en aquellos momentos ellos no supieron que eran héroes. Por ejemplo, una pequeña cosa que hagas puede bendecir a personas a las que tú nunca soñarías que pudiera afectar.

Hace unos años escribí algo titulado "La oración de un profeta menor". En aquel momento no le presté más importancia, porque era algo entre Dios y yo. He recibido muchas cartas y he hablado con personas en conferencias bíblicas y campamentos que han sido bendecidas por ese escrito. Nunca soñé que tendría ese efecto. Esto solo demuestra que una pequeña cosa que hagas puede encontrar la manera de bendecir a personas a las que nunca conociste. Y seguramente después de mi muerte la gente seguirá leyendo esa pequeña oración que escribí. Esto demuestra que en nuestros días podemos ser lo que fueron los grandes santos del ayer en los suyos. Dios quiere que seamos santos en nuestra vida y que estemos llenos del Espíritu, pero no espera que seamos idénticos a ninguno de los santos del pasado. Debemos tener la misma fe, la misma obediencia, el mismo amor que ellos; pero, después de eso, debemos recorrer nuestro propio camino.

He reflexionado bastante sobre esto y he llegado a la conclusión de que siempre es mejor ser un perro vivo que un león muerto. El motivo por el que digo esto es porque el león muerto fue feroz en otros tiempos, pero estos ya han pasado. A. B. Simpson fue un gran león de la fe en su época. Pero A. B. Simpson está muerto. Su obra, aunque grande en su día, ha acabado. Debemos aceptar la responsabilidad sin sentirnos intimidados por los grandes hombres y mujeres del pasado. Tenemos un registro de su fe en Dios, pero debemos andar por otro camino. Dios espera que recorramos ese sendero con la misma fe, amor y obediencia que manifestaron esos grandes hombres y mujeres del pasado.

Cuando venga el Señor, no todos recibiremos las mismas recompensas. Algunas personas merecerán más que otras bajo la gracia de Dios, y recibirán más. Entre tanto, demos gracias a Dios de que podemos encontrar aliento en los héroes de la fe; y, si nunca llegamos a su nivel, demos gracias a Dios por llegar hasta donde llegamos. Bien pudiera ser que un día llegues tan alto como algunas de las personas que encontramos en el capítulo 11 de Hebreos. Y, si se escribiera otro capítulo 11 de Hebreos, en él encontrarías a personas que nunca habrías pensado ver allí. Las personas como Rahab, ¿qué están haciendo aquí? Era prostituta, pero creyó a Dios y se volvió con fuerza hacia la fe. Encontramos a Gedeón y a Barac. Hallamos a Sansón, que no fue tan perfecto como podría haberlo sido, pero que creyó a Dios, tuvo fe y obedeció. Así que encontrarás a algunas personas que no creíste que pudieran estar en esa lista, porque no todos los héroes de la fe han muerto. Si crees a Dios en medio de un mundo impío y caminas con el Señor en esta era, como ellos caminaron con Él en la suya, merecerás un lugar si el Señor escribe su definitivo capítulo 11 de Hebreos.

La obra del Señor siempre prosigue

Este pasaje en el Antiguo Testamento siempre ha consolado grandemente a mi corazón: "Y sucedió, después de muerto Abraham, que Dios bendijo a Isaac su hijo; y habitó Isaac junto al pozo del Viviente-que-me-ve" (Gn. 25:11). Por grande y maravilloso que fuese Abraham, el padre de los fieles, murió, pero Dios no murió con él. Descubrimos que Dios habla incluso hasta el día de hoy. A veces lamentamos la muerte de algún gran héroe de la fe como si el cristianismo se hubiera detenido. Sí, Dios usó grandemente a esos hombres y mujeres, y a algunos de ellos los usó de formas poco habituales, que nunca se podrían replicar. Pero Dios no murió con ellos.

Recuerdo que cuando murió el evangelista Dr. Paul Rader (1879-1938) pensé por un instante que ese sería el final del evangelismo en este país. Pero ya lleva varios años muerto y Dios sigue obrando, moviéndose y cambiando vidas. Los grandes hombres vienen y van, pero Dios siempre está en primera línea. Ante nosotros tenemos a una generación a la que debemos impactar para Dios, personas a las que Paul Rader no tendría nada que decir. Se ha ido. Su voz se ha apagado. Pero la voz de Dios sigue hablando a lo largo de todos los tiempos.

¿Cómo sabes el secreto grande y dichoso que Dios quiere susurrar a tu corazón? ¿Cómo sabes lo que Él te quiere decir? ¿Qué elevadas expectativas reserva para ti?

Hay pocas cosas que yo recomiende más que estas tres para que nos hagan progresar en el cumplimiento en nuestra generación de lo que Dios quiere hacer por medio de nosotros. Son estas: rechaza el pecado, aléjate del mundo y ofrécete a Dios por fe y sin poner condiciones.

Estudia las vidas de los grandes hombres y mujeres de las Escrituras a lo largo de la historia de la Iglesia y descubrirás a una gran variedad de personajes, con todo tipo de temperamentos, pruebas y tribulaciones. Algunos tuvieron un espíritu de rebelión y, sin embargo, Dios hizo su gran obra a través de ellos. No descubrirás a nadie perfecto en todo ese grupo. Algunos se acercaron a la perfección, pero a pesar de ello, todos tuvieron alguna tara particular. Dios no obra por medio de los perfectos, sino a pesar de sus imperfecciones. El corazón que usa Dios es aquel que se le ha entregado con fe y obediencia.

A la persona que cree que tiene todo lo que hace falta suele faltarle todo. Ninguno de los viejos santos del pasado hizo jamás nada grande por Dios basándose en sus propias fuerzas. Fíjate en Sansón. Por fuera parecía un hombre normal. Pero cuando el Espíritu de Dios vino sobre él, hizo cosas extraordinarias. Distaba mucho de ser un hombre perfecto. Distaba mucho de ser un hombre al que nos gustaría imitar en nuestras vidas cotidianas. Cómo lo usó Dios es todo un misterio del liderazgo divino. Dios encontrará al hombre o a la mujer que se entregue completamente porque lo único que le importe en esta vida sea Dios.

Gracias a Dios por los héroes de la fe, pero recuerda que están muertos; dejaron tras ellos su testimonio para la siguiente generación, y la siguiente, y la siguiente. Tú estás vivo y tu generación está a tu alrededor. Debes servir a tu generación por la voluntad de Dios antes de que duermas. No puedes salvar a otra generación, solo a la tuya. Sirve a tu generación y deja tu reputación y tu servicio en las manos amorosas de Dios. Y, cuando llegue el día, Dios pondrá tu nombre junto a los de los héroes de la fe, diciendo: "por fe, él..." y "por fe, ella...". Tanto si lo hace como si no, al menos tendrás el deleite de saber que le has agradado, y la alegría de saber que has servido a tu generación.

Por la fe en el gozo venidero
Isaac Watts (1674-1748)

Es por la fe en el gozo venidero
que cruzamos desiertos negros como noche;
hasta llegar al cielo, nuestro hogar,
la fe es nuestra guía y nuestra luz será.

Ella bien suple la ausencia de la vista,
y hace brillar las puertas nacaradas;
fija la vista en los mundos distantes,
y nos acerca las glorias eternales.

Alegres caminamos por nuestro desierto,
y la fe proyecta un rayo celestial;
aun si rugen los leones y braman las tormentas,
y está lleno el camino de piedras y peligros.

Por mandato divino así hizo Abraham,
dejando atrás su casa por andar con el Señor;
su fe ya contemplaba la tierra prometida,
e impulsó su celo a lo largo del camino.

11

El reto para nuestra fe

Por tanto, nosotros también, teniendo en derredor nuestro
tan grande nube de testigos, despojémonos de todo peso
y del pecado que nos asedia, y corramos con paciencia
la carrera que tenemos por delante, puestos los ojos en
Jesús, el autor y consumador de la fe, el cual por el gozo
puesto delante de él sufrió la cruz, menospreciando el
oprobio, y se sentó a la diestra del trono de Dios.
HEBREOS 12:1-2

A menudo las Escrituras usan metáforas para describir la vida cristiana. En este caso, el escritor usa la metáfora de un corredor que participa en una carrera. Nosotros corremos la carrera de la vida. Esta imagen procede de los corredores griegos que participaban en unos juegos parecidos a las olimpiadas modernas.

Usando esta metáfora, podemos ver algunos de los peligros asociados con nuestra vida de fe. Por ejemplo, todo cristiano se enfrenta al peligro de perder la carrera. Un corredor participa con la esperanza de ganar la carrera, pero puede haber cosas que impidan que ese corredor la acabe. Es importante que nosotros, como cristianos, entendamos esto y averigüemos qué podemos hacer para evitar que perdamos la carrera, y para estar preparados para todos los obstáculos.

Los atletas se entrenan mucho tanto antes como después de una carrera. Para muchos, es un compromiso de por vida. El entrenamiento sirve para prepararles para todo lo que puedan encontrarse en la pista. Una vez acaba la carrera, no abandonan, sino que vuelven a participar de un régimen de entrenamientos. Todo corredor sabe que está en una competición y que solo una persona puede obtener el premio.

En la vida cristiana no pasa exactamente lo mismo. Un cristiano no compite con otros. Como corredores, competimos en la carrera de la vida, pero no entre nosotros. Nuestro enemigo no es otro cristiano ni otro grupo de cristianos. Sin embargo, he estado en algunos lugares donde me pareció que la gente no entendía esto. Nuestros enemigos, contra los cuales corremos, son el mundo, el demonio y la carne, en sus diversas manifestaciones.

El Espíritu Santo es fiel al equiparnos para correr esta carrera. Conoce los obstáculos a los que nos enfrentaremos y nos prepara totalmente para ella. Nos entrenamos para superar todos los obstáculos que nos impedirían acabar la competición.

En la Biblia, la carrera de la vida nunca se considera desde el punto de vista de su rapidez. Ningún cristiano debe salir ahí fuera e intentar superar un récord en la pista. La Palabra de Dios dice que debemos correr con paciencia. El joven que en cuanto oye el disparo de salida sale corriendo a toda velocidad y se distancia varios metros del resto es probable que, antes del final de la carrera, esté a varios metros por detrás porque dio todo lo que tenía para empezarla. La carrera de la fe cristiana no consiste en acelerar cien metros; no es un *sprint*. Es una larga carrera campo a través. La velocidad sí que debe jugar su papel en un momento determinado, al final, pero esta carrera solo se acaba por medio de la tenacidad paciente.

Debemos dejar atrás todo lastre, y el peso del que se habla aquí no es un pecado. Esta imagen viene del corredor en los antiguos juegos griegos quienes corrían ligeros de ropa. De hecho, corrían casi desnudos. Las prendas que era correcto llevar en otro momento no se podían usar en la pista, porque el más mínimo peso extra les hacía perder velocidad. Por lo tanto, se desprendían de todo lo que pudiera hincharse con el viento, aunque no pesara apenas. Eran aerodinámicos incluso antes de que se inventara este adjetivo. Nosotros corremos la carrera de la vida y hemos de dejar a un lado las cosas que puedan retenernos o frenarnos, haciéndonos arrastrar los pies y perder la carrera.

En la vida cristiana hay obstáculos que también son pecados, pero el escritor no menciona el pecado en esta primera frase. Menciona los obstáculos, que no son intrínsecamente pecados. La diferencia entre un cristiano espiritual y un cristiano del montón es que un cristiano realmente espiritual sabe que no solo debe ser liberado del pecado, sino también de todo aquello que le impida ganar.

No todos corren para ganar

El Espíritu Santo se dirige a un tipo de persona determinada. Nunca se dirige al hombre superficial. Hoy día, por encima de cualquier otro momento en la historia de la humanidad, estamos en la época de la religión superficial. La religión se lleva como una prenda, un vestido muy ligero. O se debe considerar un pequeño arroyuelo fruto de una tormenta eléctrica repentina, que fluye y hace mucho ruido y levanta mucho polvo. Pero es tan estrecho y poco profundo que, al cabo de poco tiempo, el sol lo habrá evaporado. Las almas de algunas personas son así.

El Espíritu Santo nunca habla al hombre trivial. Si eres superficial, no puedes escuchar la voz del Señor. El Espíritu Santo nunca se dirige al que se autojustifica, a la persona que cree tener razón y defiende su derecho a ser como es. Nunca habla al disputador, a la persona afligida o al hipócrita. La sinceridad es un requisito absoluto para la vida cristiana. Si no soy sincero, estoy eliminado. Dios tacha mi nombre porque no puede tener nada que ver con personas que no sean sinceras.

Los que corren sin obstáculos

¿A quién se dirige Dios aquí? A los mansos. ¿Qué queremos decir con "manso"? Los traductores lo pasan mal con este término, pero se refiere a una persona amable, humilde, modesta. Una persona modesta es aquella que tiene una opinión baja de sí misma; una persona humilde es la que se considera menos que otros; una persona mansa es aquella que no se considera importante o merecedor de mantener una relación con Dios. De modo que la mansedumbre, la humildad y la modestia no son virtudes muy buscadas en nuestros tiempos. No se cultivan, ni deseamos ese tipo de cristianismo. Pero el Espíritu Santo no puede hablar a una persona a menos que esta sea modesta (no se considera importante), a menos que sea humilde (se considera menos importante que otros y, por supuesto, que Dios). El Espíritu Santo habla a los pobres de espíritu, a la persona sincera y reverente, y a los iluminados.

Una de las cosas más tristes que conozco es el desarrollo reciente del tipo de canción religiosa frívola. Habla de Dios de una forma plañidera y triste, pero mientras lo hace es capaz de sonreír. El himno "Cuando los santos marcharán" nació en un campamento hace mucho tiempo. Es una canción típica de campamento, no un himno de alto rango. Es una canción de ese número lamentablemente escaso que habla de la segunda venida de Cristo, pero la gente la ha tomado y la ha modificado hasta que hoy día ya no reconocemos en ella nada religioso. Las personas que no creen en Dios, cuyas vidas son cuestionables y, en algunos casos, claramente malas, cantan "Cuando los santos marcharán" e incluso bailan la canción.

Desde mi punto de vista, esto es grave. Es una afrenta contra Dios, porque la reverencia, es decir, el temor de Dios en el sentido de respeto ante su presencia, es fundamental para todo tipo de cristianismo real. Si no soy un hombre reverente y no siento un respeto sólido cuando pienso en Dios, o cuando estoy en su presencia, Dios no me puede hablar. Solo menciono esa canción como ilustración, pero hay cientos de ellas. Hay personas que se han dedicado a cantar este tipo de canciones en los clubes nocturnos y delante de un público, y luego la muchedumbre que les aplaude sigue tomando sus cócteles y fumando sus cigarrillos, mientras aplauden el espectáculo. Esto es usar la religión sin reverencia, sin sinceridad y sin ningún sentido de solemnidad.

Dios dice: "Yo conozco tus obras, que ni eres frío ni caliente. ¡Ojalá fueses frío o caliente! Pero por cuanto eres tibio, y no frío ni caliente, te vomitaré de mi boca" (Ap. 3:15-16). Dios no necesita que le patrocinemos, que le sonriamos y le manifestemos nuestra aceptación. Él es el gran Dios todopoderoso, que se sienta en el círculo de la Tierra y ve a sus habitantes como si fueran langostas. Y lo serán cuando Dios actúe y su Hijo descienda de los cielos en un caballo blanco, con una espada en su cadera y en su muslo se lea "Fiel y verdadero". En aquella hora, cuando Dios convoque a las naciones al juicio y coloque algunas a su derecha y otras a su izquierda, quienes le hayan tomado tan a la ligera, con tanta irreverencia, clamarán para que las rocas y los montes les cubran, y verse así libres de la ira del Cordero.

Cosas que atrapan el viento y reducen tu velocidad

Mientras algo es simplemente teórico y no afecta a las personas directamente, ni insiste en una aplicación personal, a todo el mundo le gusta. Pero debemos tener más que la exposición bíblica; hemos de tener una parte práctica. Por consiguiente, quiero aplicar esta metáfora de que hemos de correr libres de todo entorpecimiento.

Déjame que te hable de algunas de las cosas que se interpondrán en tu caminar por fe.

Los pasatiempos

Una de las grandes trampas de esta generación se puede resumir en una sola palabra: pasatiempos. En el pasado, la mayoría de fundamentalistas evangélicos creía que los pasatiempos formaban parte del mundo, que no eran para los cristianos, y que cuando uno se convertía, debía renunciar a todo recreo mundano. Incluso predicaban contra los pasatiempos como algo que encadenaría el alma y arrebataría a las personas la plenitud del gozo cristiano. Esto ha experimentado un cambio paulatino. Poco a poco, las distracciones del mundo se han ido infiltrando en la Iglesia. Ahora en el mundo apenas hay nada contra lo que la Iglesia levante la voz. De hecho, hoy día existen muy pocas diferencias entre muchas iglesias y el mundo.

Todos nuestros esfuerzos por hacernos agradables al mundo que nos rodea han tenido el efecto de volvernos irrelevantes para él. La premisa era: ¿Qué atraerá al mundo a nuestra iglesia? ¿Qué puede inducir al mundo a entrar por nuestras puertas? Por lo tanto, se han invertido muchas energías en hacer que la Iglesia sea lo más cómoda posible para el mundo. Queremos que el hombre del mundo acuda a nuestros cultos y se sienta tan cómodo como si hubiera nacido allí. Y las cosas que hacen que una persona del mundo se sienta cómoda son las distracciones y los pasatiempos. Estamos dispuestos a darle al mundo todo lo que quiera.

Si no les gustan los himnos, les daremos cancioncillas breves que puedan silbar mientras trabajan.

Si no les gustan los sermones largos y expositivos, les daremos charlas escuetas para ayudarles en el camino de la vida.

Si quieren distraerse, les ofreceremos precisamente distracciones.

Si no quieren pensar, les divertiremos hasta que su corazoncito esté satisfecho.

Ahora casi hemos perfeccionado una religión que hace sentir bien a la gente, que no ofende a nadie. Pero yo pregunto: ¿qué ha pasado con la ofensa de la cruz? ¿Qué ha pasado con una vida consagrada para el Señor Jesucristo con toda pureza y rectitud? ¿Qué hay del estigma que honró a la Iglesia primitiva?

La autodefensa

También hemos de evitar justificarnos y encontrar un argumento que nos haga quedar bien. Si descubres que no encuentras tiempo, detente y olvídate de esa cosa que te obstaculiza. Todo el mundo conoce lo más íntimo de su corazón y cada uno de los motivos por los que hacemos determinada cosa. Si te molesta, apártala.

Cuando se envía un cohete al espacio y empieza a orbitar en torno a la Tierra, fíjate qué superficie tan lisa tiene, qué largo, esbelto y elegante es. Está hecho de tal manera que no haya nada que atrape el aire y lo ralentice mientras sale de la atmósfera. Tiene que ser aerodinámico, de modo que nada lo retenga.

Habrá alguien que defienda determinada cosa diciendo "Es beneficiosa y cultural"; pero si te ralentiza, abandónala. No pierdas el tiempo, porque si te impide ganar la carrera de la vida, te irá mucho mejor si te deshaces de ello.

La influencia de otros

Supongo que, en este mundo, esta es la mayor traba para los jóvenes cristianos. Es grande porque a los jóvenes se les influencia fácilmente, y se ha extendido porque a los jóvenes les gusta formar grupos. Estos jóvenes son sociables y, a menos que estén dispuestos a cambiar de amistades, es mejor que esperen y no digan "Acepto al Señor" y retomen sus viejas amistades. Ciertas amistades no se pueden mantener si eres cristiano.

He descubierto maneras de librarme de amigos que no

avanzan en mi misma dirección. Una es hablarles tanto del Señor que se aburran y me abandonen por su propia cuenta. Eso pasa a menudo. Un recién convertido se hace indeseable porque no deja de hablar del Cristo que acaba de conocer. Creo que esto es bastante normal. Pero si algunos tienen una coraza y les da igual como hables, e insisten en estar contigo e inducirte a hacer cosas que no querrías hacer ni oír hablar de ellas, e ir a lugares donde no querrías ir por tu cuenta, te digo que lo mejor que debes hacer es romper esa amistad. Es mil veces mejor romper una amistad que permitir que sea una traba.

Toda amistad no espiritual es como una prenda holgada que lleva un corredor. En la antigüedad se le llamaba toga, y era como un albornoz grande y ancho que rodeaba el cuerpo y se ataba a la cintura con un cinturón. Mientras andabas, todo iba bien; no notabas la toga. Pero si intentabas adquirir cierta velocidad, empezaba a moverse con el aire y a frenarte. De modo que el corredor griego no llevaba esta toga, ni se ponía sombrero de copa, ni siquiera llevaba la corona de hojas de laurel que había ganado dos semanas antes. Se desprendía de todo excepto de lo que exigía la decencia y corría en contra del viento con un cuerpo humano aerodinámico. Esto es lo que el Espíritu Santo dice que debe hacer el pueblo de Dios. Las amistades a las que te aferras y que inducen a tus prendas a flamear en la brisa, haciéndote perder velocidad, son cosas de las que es mejor que te desprendas.

Las costumbres sociales

Se trata de hábitos sobre los que no existe un consenso pleno, pero sabes en tu corazón qué son y cómo te obstaculizan. Por supuesto, al corazón rebelde le molestarán las interferencias en su vida social. Si hay algunos hábitos sociales que no puedes tener siendo cristiano, o al menos un cristiano de éxito, tienes que interrumpirlos. Muchos de los hábitos que solías tener sin planteártelo antes de convertirte deben desaparecer. Los cristianos deben tener mucho cuidado con sus hábitos sociales.

Los hábitos de lectura

Hace años, a Jimmy Walker, alcalde de la ciudad de Nueva York, le llamaban el Alcalde Playboy, e iba siempre vestido con frac, sombreros de seda y el resto del conjunto. Siempre estaba presente donde se reunía la alta sociedad, en los clubes nocturnos repartidos por toda Nueva York. En cierta ocasión llamaron a Jimmy Walker para que fuera censor literario. Estando en el estrado, soltó un pequeño chiste diciendo: "No he leído acerca de nadie que se haya arruinado por leer un libro". Por supuesto, los medios de comunicación tomaron esa frase y la hicieron circular por todo el mundo. Se suponía que era brillante, pero era una completa estupidez.

Por supuesto que ha habido gente que se ha echado a perder por leer libros. A lo mejor entre fiesta y fiesta el alcalde no tenía tiempo de leer sobre el tema, pero todo el mundo sabe qué hacen los libros a la gente. Todo el mundo sabe qué le hará un libro comunista a un joven universitario si cae en sus manos, se lo lleva a casa y lo lee. Pronto lo habrá asimilado, le brillarán los ojos e irá camino de convertirse en comunista.

Todo el mundo sabe que un cristiano humilde y sencillo, no muy versado en las Escrituras, recibirá un libro escrito por los Testigos de Jehová, falsamente llamados así, lo leerá y se sentirá confuso, y luego comprará otro y lo leerá e invitará a alguien para conversar sobre él. Pronto andará por ahí maldiciendo a las iglesias, negando la deidad de Jesús, diciendo que el reino se acerca y 144.000 serán salvos, y todas esas tonterías. Y todo empezó al leer un libro.

Por otro lado, podría contar cientos de historias sobre hombres que tomaron un tratado cristiano, o un librito, o una Biblia de los Gedeones en un motel, y se convirtieron.

Nuestros hábitos de lectura son importantes. Los sabios de este mundo se reirán, y los maestros y catedráticos de voz suave te recomendarán que te familiarices con todo tipo de literatura. Tienen buena intención, pero no saben de lo que hablan.

Cuando era joven, llegué a enamorarme de la obra de cierto poeta, la traducción inglesa de un poema muy famoso. Hablaba de religión, filosofía, la vida y todas las cosas serias, pero no estaba escrito por un cristiano o por una persona que conociese a Dios. Era brillante y estaba muy bien escrito, y la traducción al inglés era muy hermosa, musical, elegante. Solía llevarlo conmigo y memorizarlo. Aun puedo repetir estrofas enteras.

Más tarde, cuando empecé a buscar a Dios en serio, comencé a darme cuenta de que ese libro era un obstáculo para mí. Aunque no hiciera otra cosa, me sumía en un estado de ánimo equivocado, de incredulidad y pesimismo, en vez de fe y esperanza. De modo que lo puse en la estantería, con otros cuatro o cinco ejemplares de la misma obra, y no lo leí en tres años. Me gusta, es una poesía brillante, su música poética me recuerda a Mozart, pero no lo leo porque es un obstáculo para mí.

Un profesor universitario me oyó decir una vez que ya no leo a Shakespeare. Lamentó ese hecho tanto como si yo padeciera cáncer o tuviera algún trastorno grave.

No echo de menos al Bardo de Avon; lo releo de vez en cuando, pero cada vez menos, porque no veo a Cristo en su obra. Fue el mayor poeta que haya existido, desde el punto de vista literario. Pero cuando has pasado por todos los suicidios, homicidios, adulterios, traiciones, guerras, asesinatos y todo lo demás, aunque sea un clásico no es bueno para ti. De modo que lo dejé a un lado. No diría que nadie deba leerlo. Si te lo dan en la escuela, léelo, descubre de qué habla, pero no lo conviertas en tu compañero. Yo tengo un libro que es mi compañía constante: la Palabra de Dios.

Los hábitos personales

Nuestros hábitos personales incluyen el uso del dinero, los hábitos alimentarios, los generales y el vestido. Puede que alguien objete diciendo: "Ahora estás entrometiéndote en cosas personales; no son asunto tuyo". No, no es asunto mío, pero sí lo es tuyo, y mucho. Puedes reírte de mí y decir que soy anticuado, pero tus hábitos personales te harán arrastrar los pies en tu caminar con Cristo. Todo lo que haga que arrastres los pies, impidiéndote ganar tiempo en la pista, es algo de lo que es mejor librarse.

Los planes no bendecidos

Hay muchísimos hijos e hijas del Señor que tienen planes que Él nunca les dio. No son planes bendecidos por Dios. He conocido a hombres que, en determinado momento de su vida, eran cristianos felices que trabajaban en la iglesia y en la junta, directores de alabanza, gente que daba testimonio. Las personas los miraban como ejemplos de lo que debe ser un cristiano en la vida y en el trabajo. Sus negocios prosperaron y pronto tuvieron que saltarse la reunión de oración para atender a otro negocio nuevo; pronto su mirada ya no relucía, su voz perdió su gozo y pronto perdieron el deseo de testificar. Aunque seguían siendo cristianos, perdían la carrera porque permitían que los retuvieran los planes no bendecidos. Es cien veces mejor tener menos y tener a Dios que tener más y ocultar su rostro.

La consecuencia de todas estas cosas sería bloquear la obra de Dios en tu corazón, tu hogar y tu iglesia. No te lo puedes permitir. El tiempo es demasiado corto. El juicio es demasiado seguro. La eternidad es demasiado larga. Dios es demasiado maravilloso y Cristo demasiado hermoso. El cielo es demasiado glorioso como para permitir que algo en nuestras vidas nos impida ganar la carrera de la vida.

Camino en tu nombre, ¡oh, Dios y Señor!
Charles Wesley (1707-1788)

Camino en tu nombre, ¡oh, Señor!,
cumpliendo mi deber diario;
solo a ti he resuelto seguir,
en todo lo que digo y hago.

La tarea que tu reino me encomienda
permite que cumpla gozoso;
que tu presencia habite todos mis actos,
y haga tu voluntad santa y perfecta.

Guárdame de la trampa de mi llamado,
y oculta mi simple corazón en las alturas;
sin que importen los espinos de afanes terrenos,
los cebos atractivos del amor mundano.

Quiero ponerte siempre a mi diestra,
pues tus ojos ven lo que llevo dentro,
y trabajar cuando lo ordenes,
y ofrecerte todo lo que haga.

Deja que lleve tu yugo fácil,
y en todo momento vele y ore,
mirando siempre las cosas eternas,
y apresurándome a tu día glorioso.

12

QUÉ HACER CUANDO FLAQUEA LA FE

Considerad a aquel que sufrió tal contradicción de
pecadores contra sí mismo, para que vuestro ánimo no
se canse hasta desmayar. Porque aún no habéis resistido
hasta la sangre, combatiendo contra el pecado.

HEBREOS 12:3-4

Muchos recién convertidos se sienten inseguros consigo mismos y con su fe, en la que han entrado vacilantes. En la práctica, preguntan: ¿Qué es exactamente esta vida cristiana, esta vida salvada? ¿Cómo aprenderé a vivirla? ¿Quién será mi ejemplo y mi modelo? ¿Cómo evitar agotarme y descorazonarme, dejar de tener interés en ella?

La respuesta, aunque sencilla, es "considérale"; piensa sin cesar en Jesús.

La muerte y la resurrección de Jesús nos dan la vida, y obtenemos coraje para vivir porque Él vivió. La vida que llevó en este mundo es lo que nos anima, no la vida que vive ahora en el cielo. Sabiendo cómo vivió aquí, podemos obtener el coraje necesario para perseverar y seguir viviendo. Podemos enfrentarnos al diablo, superar todos los obstáculos, pasando por encima o rodeándolos, aun cuando nos cansemos. Podemos perder ese cansancio, aislarlo o soportarlo sabiendo que Jesús estaba cansado cuando se sentó en aquel pozo de Samaria. De modo que "le consideramos", pensando constantemente en el Señor Jesucristo.

Meditar para la vida

Para saber cómo vivió Jesús debemos leer las Escrituras, aprenderlas y luego reflexionar sobre lo que hemos aprendido. Creo que deberíamos meditar tres veces más de lo que leemos. Creo que puedo decir con seguridad que pienso diez veces más de lo que leo.

El rey invitó al Dr. Samuel Johnson a pasar una tarde con él. Johnson era una gran figura de la literatura, muy famoso en aquellos tiempos, de modo que se fue al palacio donde vivía el rey, se sentaron delante de la chimenea y charlaron. Por último, el rey dijo: "Supongo, doctor, que ha leído usted mucho".

Con la mirada en el fuego y tras reflexionar un momento, el Dr. Johnson dijo: "Sí, majestad, pero he pensado más".

Deberíamos pensar y meditar mucho. Creo que si meditásemos más, necesitaríamos leer menos. Hay que considerar la idea de la lectura rápida, porque, ¿qué diferencia supone el número de palabras que te pasan por la mente si no han dejado ni rastro? ¿Qué diferencia supone el número de libros que hayas leído en una semana o un mes si no has obtenido provecho alguno? Creo que leer un poco y meditar mucho te enseñará más de lo que aprenderás leyendo muchos libros.

Una vez hojeé los apócrifos y me di cuenta de que había una frase que destacaba. El meollo de la frase decía que la propia alma de un hombre a menudo le proporcionará más información que cinco vigías en una torre. No seguí leyendo. No sé qué tenía en mente ese pasaje, pero me gusta. Si te detienes, meditas, tomas la Palabra de Dios, sueñas con ella y permites que controle tu vida, te dará más información de la que puedan ofrecerte cinco vigías en una torre.

Por lo tanto, debemos meditar, o considerar, lo que le sucedió a Jesús. Recuerda que los cristianos somos los hermanos pequeños de Jesús. Nos llama "hermanos" y no se avergüenza de llamarnos por ese nombre. Dijo que, igual que Él fue enviado al mundo, también nosotros somos enviados allí, exceptuando, por supuesto, el hecho de que existe un terreno maravilloso, único, aislado, glorioso e inaccesible en el que no podemos entrar. Cuando se entregó a sí mismo, el Justo por los injustos, el Cordero por los pecadores, en las tinieblas de la cruz hizo ese algo misterioso... lo que hizo en el acto de la redención permitió que Dios justificara a los pecadores, perdonase a los rebeldes y devolviera a su corazón los hombres y mujeres alienados. Eso no lo podemos hacer nosotros ni podremos hacerlo nunca. Nuestro Sumo Sacerdote lo hizo solo, pero toda esa vida circunstancial que pasó Jesús en este mundo, nosotros la compartimos como sus hermanos menores y vamos por el camino que Él recorrió. Él dice que estamos en el mundo como Él estuvo. Fue testigo de las cosas celestiales, como también lo somos nosotros.

Según mi experiencia puedo decir que el poder radica más a menudo en las palabras pequeñas, no en las grandes. Por ejemplo, las palabras "como" y "así" contienen un tremendo poder. Fijémonos que en Juan 17:18 leemos: "Como tú me enviaste al mundo, así yo los he enviado al mundo". "Como tú me enviaste" se dice de Jesús y "así yo los he enviado" se dice de nosotros. Cuando el "como" se equipara con el "así", entonces cumplimos la voluntad de Dios. Y, por lo tanto, "como él es, así somos nosotros en este mundo" (1 Jn. 4:17).

Él fue testigo en este mundo y luz a los hombres, y nosotros debemos ser lo mismo. Él fue un juicio moral sobre el mundo, y todo cristiano es, por lo tanto, un juicio moral sobre el mundo que le rodea.

La hostilidad bajo otro nombre

Creo que uno de los grandes misterios de la vida humana es esta hostilidad del mundo contra el Salvador. Fue rechazado por su propia nación, condenado por la religión organizada y ejecutado por el gobierno organizado. Hicieron todo esto sin motivo. El propio Jesús dijo: "sin causa me aborrecieron" (Jn. 15:25).

Es posible crear excusas para lo que hacemos; se llama racionalizar. Haces lo que haces por un motivo oculto, y luego ofreces un motivo claramente visible como la razón de tu acto, pero no es la razón verdadera. De modo que todo lo que hicieron contra nuestro Señor Jesucristo fue una racionalización basada en el odio que sentían contra Él. Dijeron: "¡Quiere ser rey!". ¿Qué les importaba eso? Si se hubiera convertido en rey derrotando a César, hubieran gritado de alegría bailando por las calles. Usaron eso como excusa, racionalizando su odio hacia Cristo.

Sin embargo, Jesús dijo: "Yo ruego por ellos; no ruego por el mundo, sino por los que me diste; porque tuyos son" (Jn. 17:9). Jesús no dio por perdidos a los individuos que eligió en el mundo; dio por perdido al mundo. "No ruego por el mundo" es una frase que ha molestado a algunos, pero aquí la encontramos en el contexto de la oración de Jesús.

Como ves, la oración de Jesús es por su propio pueblo: "porque las palabras que me diste, les he dado; y ellos las recibieron, y han conocido verdaderamente que salí de ti, y han creído que tú me enviaste" (Jn. 17:8). Estos son aquellos por los que ruega nuestro Sumo Sacerdote y mediador a la diestra de Dios Padre. No espera que el mundo sea nada. Lo que sugiere es que el mundo irá de mal en peor, y habrá hombres malos y seductores que entrarán incluso en la Iglesia, hasta el punto de que, cuando venga el Hijo del Hombre, ¿hallará fe en la tierra? Él sabe que ese gran mundo se corrompe y se desintegra.

El mundo se deteriora y está en decadencia, y el Señor sabía que sucedería eso. Pero siempre ha tenido un pueblo al que ha llamado del mundo. Sus elegidos, en los que se complace su alma y a los que ha llamado, son suyos y han salido de toda tribu y nación, y estarán hasta que llegue el fin.

La libertad de Cristo provoca hostilidad

El mundo es hostil; como cristianos, vivimos en un entorno hostil. Ten esto en cuenta. No jugamos en un campo en el que todos somos amigos. Luchamos en un campo de batalla donde todos los que están en un bando son enemigos de los que están en el otro. Y hay dos espíritus opuestos el uno al otro. Cristo caminó entre los hombres, siendo libre en su interior, y ellos dijeron que incumplía la ley. Entre otras cosas, un cristiano es libre en su interior.

Uno de los problemas a los que se enfrenta un pastor son las personas que tienen una conciencia malsana. No tienen libertad interior, de manera que su conciencia les molesta porque incumplen sus propias reglas. Por supuesto, los judíos eran de ese tipo de personas. Los fariseos y los que tenían autoridad eran así. Nuestro Señor caminó por el mundo siendo libre en su interior, un hombre perfectamente libre. No iba a pecar, y Dios sabía que no pecaría, y Jesús sabía que Dios lo sabía. De modo que, hiciera lo que hiciese, no pidió excusas por no preocuparse. Hizo simplemente lo que hace una rosa, florecer en silencio sin pedir excusas.

Simplemente vivió su vida interior. Lo interno se convirtió en lo externo, y lo que fue se convirtió en lo que hizo. Vivió totalmente relajado, sin acosarse a sí mismo constantemente y sin preocuparse por sí mismo. Como es lógico, dijeron que incumplía la ley.

Veamos un ejemplo. Él y sus discípulos iban paseando por los campos y habían hecho un viaje largo. Los discípulos tenían hambre e hicieron lo que yo he hecho de niño un montón de veces. Extendieron la mano, arrancaron la cabezuela de la espiga, sacaron el grano frotándola y se lo comieron. Los fariseos dijeron: "¿por qué hacen en el día de reposo lo que no es lícito?".

¿Te puedes imaginar algo así el día de reposo? ¿Te puedes imaginar que objetasen a algo tan poco importante? Objetaron porque estaban enfermos en su interior. Jesús y sus discípulos eran libres en su interior, y Él procuraba darles libertad interior. Sabía que el Señor Dios de los cielos no era tan difícil de contentar, ni tan farisaico que le importase si un discípulo trillaba las espigas entre las manos para tener algo que comer mientras proseguía su viaje, esperando una comida mejor. Por eso los cristianos libres siempre han tenido problemas y, normalmente, los han llamado de todo menos libres.

Un buen amigo mío, Tom Haire, estaba en medio de una noche de oración. Solía dedicar dos o tres noches a la semana a orar, pero aquella noche estaba acompañado de un grupo. Más o menos a la una de la mañana, como Tom es irlandés, quiso tomarse una taza de té. Tom se levantó, se fue a la cocina y se preparó el té; el resto de los presentes lo tacharon de pecador. Les parecía espantoso que ese hombre hiciera aquello. ¡Se suponía que estaba ayunando, pero se tomaba una taza de té! El hecho es que él y Dios tenían tan buena relación que creo que fue Dios mismo quien le preparó el té. Tenía una libertad interior perfecta y no se preocupaba.

Cuidado con la esclavitud

Si eres esclavo de algo, tendrás problemas con tu conciencia. Pero si eres libre de todo y solo estás sometido al amor de Dios (una esclavitud feliz, alegre, a la que no renunciarías por nada del mundo), todo lo que hagas estará bien, porque lo haces con amor.

Cristo vivió así. Por supuesto, eso contradecía el espíritu del mundo. El espíritu del mundo no tiene libertad, solo esclavitud:

a uno mismo, al pecado, al diablo, a reglas morales arbitrarias y a una religión que Dios nunca les ha dado. El resultado fue, claro está, que dijeron que quebrantaba la ley y descarriaba al pueblo. Eso trajo juicio sobre Él. Y Él caminó de cerca con Dios; hablaba de Dios como de alguien a quien realmente conocía. Dijo: "Padre, gracias te doy por haberme oído" (Jn. 11:41); y en Juan 1:18 leemos: "el unigénito Hijo, que está en el seno del Padre". Jesús hablaba del Padre con la familiaridad de un niño pequeño que habla de su padre terrenal. Sin importar lo notable que sea ese hombre; su hijo no ve eso. Su hijo dice "Es mi papá", y mantienen una maravillosa familiaridad en sus conversaciones.

El Padre y el Hijo mantenían una relación tan perfecta y tan íntima, tan relajada, que el Señor Jesucristo era totalmente libre para hacer todo aquello que le pidiera el corazón. Sabía que amaba a Dios y vivía dentro del marco poderoso e ilimitado de la voluntad revelada de Dios. Pero los fariseos no lo veían. Tenían sus propias reglas mezquinas. Añadieron a los Diez Mandamientos otros 365. Había uno para cada día; y luego hicieron todo lo posible para que esos mandamientos fueran tan grandes como los diez que había dado Dios.

El Señor caminó en ese tipo de mundo, rodeado por ese tipo de religión; era un extraño para ellos y ellos para Él. Aunque era uno de ellos, nacido de la virgen María, que era judía, la religión de ellos les separaba de Él, porque el Señor no vivía según unas normas religiosas creadas arbitrariamente. Vivía, por naturaleza, con un corazón de amor por su Padre celestial y por el mundo. Ellos le odiaban por ello. Y te digo que, cuanto más carnal seas, menos problemas tendrás con el mundo. Cuanto más espiritual te vuelvas, más te perseguirá el mundo por ser quien eres.

Cristo pertenece a otro mundo, igual que el cristiano. Somos sacados del reino de las tinieblas al reino del Hijo, y estos dos mundos son irreconciliables. Esta es una de las grandes verdades básicas que debes conocer como cristiano y, si no lo haces, lo único que tendrás será una iglesia con una religión social, una religión que no puede existir sin sus actividades sociales. Pero si reconoces que el cristiano pertenece a un reino totalmente distinto, que ha sido traspasado del reino de las tinieblas para existir ahora en el reino de la luz, que está en ese reino para relacionarse y tener comunión con otros que han tenido la misma experiencia, te darás cuenta de que la clase de relación que existe en una típica iglesia religiosa del mundo difiere de la que tiene el verdadero cristiano de este mundo.

El hombre espiritual frente al religioso

El hombre espiritual tiene tesoros que este mundo no tiene en cuenta. Tiene la sabiduría mística del Espíritu Santo, pero el mundo no tiene manera de recibirla. Jesús dijo que el mundo no le podía recibir "porque no le ve, ni le conoce" (Jn. 14:17). De igual manera que un sordo no tiene un órgano sensorial para recibir la música, y como un ciego no tiene un órgano para captar la luz, un hombre del mundo no tiene órgano con el cual recibir el tesoro del conocimiento místico de Dios mediante el Espíritu Santo. Y, por supuesto, si el cristiano dice que él lo tiene y está seguro de sí, el mundo se enfurece contra él, incluso el mundo religioso. Dicen que es un vanidoso, que tiene un concepto de sí mismo demasiado alto. El cristiano tiene al Espíritu Santo, invisible y de Dios, al que el mundo no puede recibir. El cristiano ha escuchado una voz, ha visto la luz y ha podido arrepentirse y creer en el Señor Jesucristo, mientras que el mundo no pasa de ser religioso.

Me interesa mucho que la Iglesia evangélica de nuestra era sea una iglesia cristiana en todos los sentidos de la palabra. Me preocupa profundamente que nos levantemos y nos libremos del sudario del cristianismo denominacional muerto que vive de una tradición muerta y corre como un camión con el motor apagado, mientras la inercia lo impulsa hacia adelante. Deberíamos entrar en la vida cristiana con la profundidad que se merece, con seriedad y excelencia, y ser un pueblo habitado por el Espíritu Santo. Necesitamos reconocer que somos un grupo minoritario viviendo en un mundo que aborrece a nuestro Señor y nos odia debido a Él. Si actuamos como nuestro Señor, Él nos adopta, nos acepta y nos usa, siempre que no le rechacemos.

Mi manera de evitar el cansancio en mi vida cristiana es recordar el motivo por el que estoy aquí; estoy para soportar dificultades. Estoy aquí para soportar la fricción a la que me somete el mundo. Como mi Señor estuvo en este mundo, así estoy yo. Él fue rechazado y yo lo seré. Él fue odiado y yo también. El mundo no le comprendió, ni me entenderá a mí.

Puede que alguien objete diciendo: "Eres pesimista. Esto es espantoso". Vivimos en un momento en que nos tienen que afianzar, animar. Déjame que te cuente el resto de la historia: "Por lo cual Dios también le exaltó hasta lo sumo, y le dio un nombre que es sobre todo nombre, para que en el nombre de Jesús se doble toda rodilla de los que están en los cielos, y en la tierra, y debajo de la tierra; y toda lengua confiese que Jesucristo es el Señor, para gloria de Dios Padre" (Fil. 2:9-11).

Tuvo que cobrar ánimo y rechazar el cansancio de vivir en un mundo que le odiaba. Tuvo que seguir viviendo en él hasta que se hizo lo más pequeño que pudo ser; y, cuando llegó al fondo de todas las cosas, Dios invirtió el proceso y le exaltó todo lo que podría imaginarse, poniéndole a la diestra del Padre, ante el cual se dobla toda rodilla y toda lengua confiesa en el cielo, en la tierra y en el infierno que Él es Señor para gloria de Dios Padre.

Querido cristiano: debemos ser en este mundo lo que Él fue. Somos llamados a seguirle en medio de los problemas de este mundo, las pequeñas dificultades, superando las luchas, las decepciones, la pena y el rechazo. Cuando Él vea que ya hemos tenido suficiente, nos llevará a un lugar rebosante de poder y luz gloriosos, y de utilidad incluso en este mundo. Por supuesto, en última instancia, la gloria final llegará en el mundo venidero. Que Dios nos ayude ahora a trabajar y no cansarnos, porque los santos del Señor que perseveren hasta el fin obtendrán una recompensa plena.

¿Soy yo soldado de cruz?

Isaac Watts (1674-1748)

¿Soy yo soldado de la cruz,
y siervo del Señor?
No temeré llevar su cruz,
sufriendo por su amor.

Coro:
Después de la batalla, nos coronará,
Dios nos coronará, Dios nos coronará;
después de la batalla, nos coronará
en aquella santa Sión.
Más allá, más allá, en aquella santa Sión;
después de la batalla, nos coronará
en aquella santa Sión.

Lucharon otros por la fe,
¿cobarde habré de ser?
Por mi Señor yo pelearé
confiando en su poder.

Es menester que sea fiel,
que nunca vuelva atrás:
que siga siempre en pos de Él,
y me guiará en paz.

(Trad. E. Turrall)

13

LA META ÚLTIMA DE NUESTRA FE

*Es verdad que ninguna disciplina al presente parece ser
causa de gozo, sino de tristeza; pero después da fruto
apacible de justicia a los que en ella han sido ejercitados.*
HEBREOS 12:11

En gran medida, el discipulado cristiano ha sido una doctrina que no se ha tenido muy en cuenta en esta generación. Pocas personas quieren oír hablar del discipulado. No enfatizamos ser un discípulo de Cristo, sino simplemente "salvarse por los pelos" al creer en Él. No quiero infravalorar el mensaje de creer en el Señor Jesucristo. Esto es esencial para nuestra vida como cristianos y, aparte de este, no tenemos otro mensaje.

Sin embargo, una vez que una persona ha creído en el Señor Jesucristo, se abre ante ella una vida grande y maravillosa. Aquí es donde muchos se hunden en un pantanal teológico. Se insiste mucho en "cree en el Señor Jesucristo", pero en realidad se habla de poco más. Tú "sé salvo", y todo lo demás irá bien. La idea es que puedes volver y vivir la vida que tenías antes. Pero ¿dónde está el cambio? ¿Dónde está esa vida totalmente entregada al Señor Jesucristo?

Déjame que te señale algo que quizá te sorprenda un poco. Es simplemente esto: *es un error que alguien piense que ser salvo es estar listo automáticamente para ir al cielo.* Sé que quizá esto contradiga tu forma de pensar.

Déjame que use una ilustración que subrayará lo que intento decir. Tomemos a ese bebé recién nacido al que unos padres expectantes llevan aguardando como mínimo nueve meses. Ha llegado el día en que su primer hijo viene a este mundo. ¡Qué ocasión más maravillosa! Mi esposa y yo tuvimos siete hijos y conozco la tremenda emoción que se siente al ver cómo ese pequeñito entra en el hogar.

¿Qué hacen los padres después de la llegada del bebé?

"Muy bien, chiquito", le dice su padre, "ya llevas en casa una semana y creo que ya es hora de que salgas a ganarte la vida". ¡Qué estupidez que un padre dijera eso!

Aunque ese pequeño es cien por cien humano, sin ninguna duda no está en condiciones de enfrentarse al mundo. No puede salir a la calle, encontrar trabajo y ganarse la vida. No está preparado para eso. No quiero en ningún sentido infravalorar la humanidad de ese pequeño bebé; lo que quiero señalar, sencillamente, es que el niño no está preparado para valerse por sí solo.

De la misma manera, la persona que acaba de acudir a Jesucristo, que ha creído en Jesús como su Salvador, es cien por cien cristiana, pero aún no está lista para el cielo. Ese nuevo cristiano o cristiana tiene por delante toda una vida de discipulado, que le preparará para el mundo venidero.

Quizá alguien me detenga en este punto y me recuerde al ladrón en la cruz. O a algún ser querido que oró pidiendo a Jesucristo que fuera su Salvador cuando ya estaba en su lecho de muerte y pocas horas después murió. ¿Qué pasa con esas personas?

Sin duda, como nos dice la Biblia, todo aquel que confiese el nombre del Señor Jesucristo será salvo. Y no cabe duda de que cuando el ladrón en la cruz puso su confianza en Jesús, sin conocer todos los detalles de su persona, fue salvo. Y esa confesión en el lecho de muerte es tan genuina como podría serlo cualquiera. Pero déjame que te diga que esos casos son excepciones.

En el plan de Dios no figura la posibilidad de que una persona llegue al cielo por los pelos. Estoy seguro de que muchos lo harán, pero el plan de Dios consiste en que seamos cristianos y, entonces, por medio del discipulado, nos convirtamos en todo lo que Dios quiere que seamos en esta vida. Los predicadores de épocas pasadas, de otra generación, solían predicar que esta vida es la preparación y el ensayo para la vida venidera. El crecimiento y el desarrollo en nuestra vida cristiana son totalmente esenciales para prepararnos para el cielo.

La salvación solo es el principio

Este discipulado es un proceso constante que tiene estadios progresivos.

Cuando empiezas a relacionarte con un bebé recién nacido, no lo haces enseñándole la teoría de la relatividad de Einstein. Comienzas por lo básico y luego edificas sobre ello. Cuando ese bebé está listo para ir al colegio, empieza en el primer curso, no el noveno. Pasa del primer curso al segundo y al tercero, hasta que, al final, se gradúa de la escuela secundaria. Este asunto del discipulado exige ser progresivo.

El nuevo cristiano parte de lo más básico y luego va dando un paso tras otro hasta las cosas más profundas de Dios, hasta que es un hijo o hija maduro.

En Hebreos 12 se habla del discipulado. Si en el momento de la conversión estuviéramos listos para el cielo, para el futuro y para todo lo que venga, seríamos llevados allí de inmediato, sin pasar por nada más. Pero la verdad es, sencillamente, que no estamos listos. Teológicamente, por así decirlo, estamos listos porque tenemos vida eterna. Pero decir que el creyente nuevo puede estar al nivel de los héroes del foso de los leones, el horno de fuego, la horca y los mártires que fueron quemados en la hoguera supone entender mal el plan de Dios.

El cristianismo evangélico fundamentalista tiene los problemas que padece hoy porque predicamos un cristianismo indoloro e inmediato. Lo único que tienes que hacer es verter agua caliente sobre él, remover dos veces, tomar un tratado y seguir tu camino. En cuanto una persona se salva, es automáticamente todo lo que podría ser. Dale un puñado de tratados y envíalo al mundo, diciendo: "Ve y evangeliza al mundo".

Yo defiendo la misión de evangelizar al mundo, pero debemos repensar algunas de las cosas que hacemos hoy día. El cristianismo no es el proceso automático que muchos defienden. Quizá por eso el evangelismo no es la máxima prioridad entre muchas iglesias modernas.

Algunos intentan hacer la obra del Señor y no tienen ni la más remota idea de cuál se supone que es esa obra. Por consiguiente, hay grupos enteros de cristianos que sacan sus ideas del mundo. No les han enseñado la forma bíblica de hacer las cosas. Alguien se hace cristiano y se aleja del mundo, pero aún no ha aprendido nada más. De modo que utiliza lo que usaba en el mundo para intentar extender el reino de Dios. Nunca funciona.

Lo que acabamos teniendo son grandes segmentos de la Iglesia evangélica fundamentalista moderna infestados de espiritualidad mediocre; un poco de Biblia mezclado con un poco de mundo: ahí tienes la iglesia media contemporánea.

Sin duda creo en la democracia. Creo que es la mejor forma de gobierno que tenemos hoy día; no quisiera que ninguna nación democrática cambiara a otra forma de gobierno, pero la democracia dista mucho de ser perfecta.

Un hombre se pasa toda la vida trabajando, pescando, lavando su coche, viendo la televisión, jugando al golf, sin ni siquiera escuchar las noticias o leer lo suficiente como para saber cuál es el nombre del senador que le representa; no sabría decir su nombre ni aunque le pusieran frente a un pelotón de fusilamiento. Entonces, cuando llega la hora de votar, ensancha los hombros, infla el pecho y se dirige a la cabina de votación. Tan bien preparado para votar como un hotentote (N.T.: un grupo étnico nómada del África del Sudoeste). Esto es la democracia. No es la democracia como debería serlo, como podría ser. Pero, hasta cierto punto trágico, es cierto. Entonces, unas personas que no están en absoluto preparadas deciden cómo deben ir las cosas; así tenemos una democracia de lo mediocre, un paraíso para lo ordinario.

El cielo no se parecerá en nada a esto. La gracia nos hace a todos iguales ante la ley, pero no borra las distinciones; no pone coronas sobre cabezas huecas; no garantiza recompensas a quien no las merezca. Dios recompensa la obediencia, el sacrificio, la fidelidad, el servicio y la motivación costosos, teniéndolo todo en cuenta para preparar a su pueblo, y dando recompensas más adelante, en la consumación de todas las cosas.

Lo que muchas personas pasan por alto en el reino de Dios son las grandes expectativas que Él tiene para la humanidad. Dios no nos creó y nos dio la espalda; no nos dejó sin propósito en un mundo sin sentido. No, Dios tiene un plan maravilloso para cada uno de nosotros; y, según ese plan, Dios nos prepara aquí y ahora en el mundo.

Para comprender lo que Dios tiene reservado para cada uno de nosotros, hemos de entender un poco mejor quién es Dios. Por eso no podemos creer en la evolución. Dios no puso en marcha la creación y luego la dejó que funcionase sola. Tras cada acto creativo de Dios hay un propósito que nace de su corazón de amor y de gracia. No entenderlo así supone malinterpretar el propósito santo y elevado que Dios tiene para cada una de las personas de este mundo.

El propósito de Dios para nosotros quedó destruido el día en que Adán y Eva pecaron. La caída del ser humano introdujo en la humanidad una depravación que arrebató a Dios su intención para los hombres y las mujeres. A veces pensamos en el pecado desde el punto de vista humano, pero piensa un poco más en lo que el pecado hizo a Dios. Arrebató a Dios el propósito último de la creación. En la creación, Dios asignó al ser humano unos propósitos santos.

Asnos salvajes y ovejas descarriadas

Lo que devolvió al ser humano a ese lugar del propósito divino fue la redención. Una vez que una persona nace de nuevo, entra en un estilo de vida lleno del propósito de Dios. Ese propósito se descubre paso a paso cuando nos entregamos a un discipulado santo, que incluye la obediencia a la Palabra y a la voluntad de Dios.

Dios sabe que incluso después de convertirnos y de que Él implante en nosotros una nueva naturaleza, seguimos siendo más o menos hijos e hijas del asno salvaje, como lo dijo Job (Job 11:12, RVA). Y dentro de nosotros hay un espíritu salvaje e indomado que hay que disciplinar, meter en vereda y educar. En nosotros hay una ignorancia esencial que Dios tiene que educar a fin de que se convierta en genio. Hay una tozudez que Dios tiene que vencer, domar y disciplinar. Tenemos una pereza que Dios tiene que disipar. Hay un amor por nosotros mismos que Dios tiene que crucificar. Luego tiene que enseñarnos a obedecer. Eso fue lo que nuestro padre se negó a hacer, pecó y cayó. En la caída de Adán todos caímos y tenemos su indisposición a obedecer.

Provengo de una familia en la que consideraron que la obediencia era para los débiles y los afeminados. Mi padre era un hombre tan independiente que, cuando abandonó la granja y obtuvo un trabajo en una fábrica de caucho, se consideraba insultado si un capataz le decía lo que tenía que hacer. No quería que ningún capataz le diera órdenes. ¿Quién era aquel hombre para decirle nada? Le pagaban para hacer determinado trabajo, pero no le interesaba saber cuál era. No pretendo justificarlo, solo digo que es un caso extremo del individualismo independiente y desbocado.

En nuestros tiempos tenemos asnos salvajes e indomados en los campos; los llamamos cristianos. Si no les gusta un pastor, cruzan corriendo la calle y se unen a otra iglesia. Si no les gusta algo de lo que hace un pastor, se mudan a dos manzanas y cambian de iglesia; y si esa tampoco les gusta, cruzan la calle, alquilan una barbería y abren una iglesia propia. El resultado es que tenemos asnos salvajes y rebeldes de los campos, que nunca han sentido el peso de un yugo o una brida. Usando una imagen más bíblica, tenemos ovejas que no conocen la voz de su pastor, víctimas de las voces de desconocidos que lo único que quieren es su lana.

Nuestro Señor nos llama al discipulado, a ser discípulos de la cruz. "Si alguno quiere venir en pos de mí, niéguese a sí mismo, y tome su cruz" (Mt. 16:24). Pero ¿sabes una cosa? No es tan difícil, porque su yugo es fácil, y su carga es ligera (Mt. 11:30).

Sin duda que Dios tiene una vara, pero esa es una figura incorrecta del lenguaje, y no tiene el mismo significado por lo que respecta al Pastor que en referencia al hogar. Pero si no se nos disciplina, no somos verdaderos hijos del Padre. Él dijo que si quieres que el Padre te reconozca como hijo o hija, y cuide de ti como uno de los suyos, debes someterte a su disciplina. Explica que tenemos padres en la carne, y luego añade que en el momento en que la recibimos, la represión nunca nos alegra.

El fruto pacífico de la disciplina

Hace años hubo un querido y anciano predicador, que ya está en el cielo: Buddy Robinson, a quien todo el mundo llamaba afectuosamente "Buddy". Fue uno de los grandes predicadores de su tiempo. Una vez explicó que su madre era una de las mujeres más patrióticas que había conocido puesto que, cuando él hacía algo mal, ella le ponía sobre sus rodillas y le hacía ver estrellas. Añadió, además, que cuando acababa con él, Buddy estaba rojo, blanco y azul.

Bueno, ese tipo de disciplina es excesiva, pero sin duda que hizo algo por Buddy. Se convirtió en uno de los grandes predicadores del mundo. A nadie le gusta ver las estrellas, pero después el resultado final es el fruto pacífico de la justicia.

Es maravilloso pensar en el fruto pacífico de la justicia. Muchos tienen ideas equivocadas sobre lo que es el discipulado. Quizá se remonte a la relación que tuvimos con nuestro padre. Quizá pensamos que nos disciplinó con demasiada severidad. A lo mejor lo hizo. Pero la disciplina de Dios fluye de un corazón lleno de amor. Dios nunca hará nada en la vida del creyente que destruya su gozo. La destrucción es la labor del mundo, la carne y el diablo.

Desde el punto de vista de Dios, el discipulado consiste solamente en armonizar nuestras vidas con la suya. La Trinidad, Dios Padre, Dios Hijo y Dios Espíritu Santo, mantiene un acuerdo perfecto con esta armonía. Y lo que Dios quiere hacer es llevarnos a esa armonía de la Trinidad que ya existe.

Ruego que, de alguna manera, en esta generación se produzca un avivamiento del discipulado bíblico. Que el pueblo de Dios entienda que son hijos en la casa del Padre, aprendiendo en este mundo a vivir en el otro.

Este mundo no es mi hogar
Albert Edward Brumley (1905-1977)

Este mundo no es mi hogar, solo de paso estoy;
mis tesoros yo los guardo más allá del cielo azul.

Los ángeles ya me llaman desde la puerta celestial,
y en este mundo no hay nada que me pueda saciar.

Todos me esperan en lo alto, y eso es algo que yo sé.
Me ha perdonado mi Dios, y adelante seguiré.
Sé que Él conmigo estará, aunque soy débil y pobre,
y en este mundo no hay nada que me pueda saciar.

Allá en la tierra de gloria viviremos para siempre,
mientras los santos entonan cantos de eterna victoria.
Sus cánticos de dulce gozo fluyen de celeste orilla,
y en este mundo no hay nada que me pueda saciar.

¡Oh, Señor! Sabes bien que como tú no hay amigo.
Si el cielo no es mi hogar, ¿qué podré hacer, mi Señor?
Los ángeles ya me llaman desde la puerta celestial,
y en este mundo no hay nada que me pueda saciar.

14

LA NATURALEZA SAGRADA DE NUESTRA FE

Seguid la paz con todos, y la santidad,
sin la cual nadie verá al Señor.
HEBREOS 12:14

La Biblia nos ordena explícitamente que busquemos la santidad. Debe ser nuestra ambición constante. Una manera de avanzar en esta búsqueda de la santidad es aceptar la reprensión y trabajar con Dios mientras Él obra en nosotros.

Ser santos es parecerse a Dios, porque Dios es absolutamente santo. Todos los otros seres santos lo son en grados relativos. Las Escrituras nos hablan de los ángeles santos que vendrán con Jesús; pero incluso esos ángeles santos derivan su santidad de otra fuente; no es suya por naturaleza. Reflejan la gloria de Dios y esa es su santidad. También sabemos que los santos hombres de Dios hablaron conforme les motivó el Espíritu Santo. Aunque el adjetivo "santo" es el mismo, al hablar del Espíritu Santo significa una santidad absoluta, increada. Para el hombre santo que habló, significa una santidad derivada, que procede de Dios.

Dios dijo: "Sed santos, porque yo soy santo" (1 P. 1:16). Me alegro mucho de que no dijera "Sed santos como yo soy santo", porque este sería uno de los mandamientos más imposibles, desalentadores y descorazonadores. La idea central es: seguid santificándoos, siendo santos relativamente, porque yo soy la santidad absoluta. ¿Qué significa "santo"? Tal como yo lo veo, tiene dos aspectos. Tiene lo que alguien definió como una cualidad numinosa, y otra moral.

La cualidad numinosa de la santidad

Por "numinoso" quiero decir que Dios existe en sí mismo; el ser de Dios es existir. Él dice: "Yo soy el que soy". Su naturaleza es inconcebible; no podemos abordarla en absoluto con nuestra mente. Esta es una doctrina bíblica sólida.

Cuando he tenido la ocasión de mencionar la incomprensibilidad de Dios, algunas personas han planteado objeciones como si yo fuese un hereje acabado de salir de Roma o de cualquier otro lugar. De hecho, los teólogos desde el apóstol Pablo hasta la actualidad han enseñado la incomprensibilidad de Dios; eran teólogos profundos, que sabían lo que enseñaban. Por consiguiente, a Dios no se le puede comprender. Y al no ser capaces de comprenderle, no podemos expresarle con palabras. Por esto se dice que es inefable. "Inefable" significa que no lo puedes poner en palabras, y si no lo conoces, no lo puedes explicar.

Por lo tanto, la naturaleza de Dios es única. Dios tiene una sustancia que no comparte con ningún otro ser y, por lo cual, solo se le puede conocer conforme Él desee revelarse. Dios debe revelarse a sí mismo, porque el ser humano no podía conocerlo de otro modo. Para conocer a otros son precisas las similitudes y, como Dios no es parecido a ninguna otra cosa, sino que es único y está más allá de toda condición de ser creado, tiene que revelarse a sí mismo.

La naturaleza de Dios también es sobrenatural. Es decir, no la podemos comprender con nuestra mente. Es extraterrena, de otro mundo; escapa al entendimiento humano. Sin embargo, no está más allá de la experiencia. A pesar de que todo esto es cierto de Dios, Él puede dársenos a conocer. Puede manifestarse al mundo e hizo precisamente esto con el pueblo de Israel en los tiempos del Antiguo Testamento.

Vio a Adán y a Eva en el huerto, en medio del frescor del día, mientras ellos, dominados por el miedo, se escondían entre los árboles. Cada vez que Dios se les manifestaba así, no intentaban comprenderle, sino más bien experimentarle. Cada vez que este Dios incomprensible, inconcebible, inefable y totalmente santo se daba a conocer a alguien, inmediatamente la boca de esa persona se cerraba y esta caía al suelo desmayada, o bien salía corriendo a esconderse diciendo: "¡Ay de mí! que soy... hombre inmundo" (Is. 6:5). Si no, manifestaban la reacción de alguien anonadado en la presencia de este Dios santo. Llenaba de desespero sus corazones, inspiraba terror, los aturdía y consternaba.

Me parece que esto es lo que le falta hoy día a nuestra iglesia y a la mayoría de iglesias evangélicas. Todo el mundo puede predecirlo todo. Todo el mundo llega, con una confianza absoluta en sí mismo y sabe exactamente lo que sucederá. A menos que se prenda fuego en la iglesia, no podríamos inducir a ninguno de sus miembros a hacer algo no apropiado.

Ruego a Dios que en algún momento nos motive de tal manera que produzca el efecto que tuvo sobre Abraham, cuando se sumió en el sueño en medio del horror de la gran oscuridad (Gn. 15:12). Que Dios se mueva en nuestras vidas de modo que tenga el efecto que tuvo sobre Moisés cuando tembló con gran temor (He. 12:21). Y en Ezequiel, cuando cayó sobre su rostro (Ez. 11:13), y cuando Pablo se quedó ciego en el camino a Damasco, cuando se quedó mudo y no comió porque había visto al Dios temible, maravilloso, amoroso, del que había oído hablar pero sin haberlo visto antes (Hch. 9:3-9).

El Señor tomó al apóstol Juan y le dijo: "No temas; yo soy el primero y el último; y el que vivo, y estuve muerto; mas he aquí que vivo por los siglos de los siglos, amén" (Ap. 1:17-18). Sabía que Juan no podía evitarlo. Cuando Juan, siendo una criatura pecadora, se encontró con esa santidad increada que se manifestaba, él se sintió como si le hubieran pegado con un mazo. El Señor no condenó su reacción; la entendió. Sabía que era la debilidad de Juan que reaccionaba ante su poder, la impiedad de Juan que reaccionaba ante la temible santidad de Dios.

En el Nuevo Testamento, siempre que el Espíritu descendía, se extendía la curiosa sensación de la obra misteriosa de lo sobrenatural, la sensación de una presencia antes desconocida. Esa presencia maravillosa e inefable era de otro mundo. En su primera carta a los Corintios, Pablo admite que aunque la iglesia corintia no era lo que debía ser, entre ellos había algunos que eran lo bastante espirituales como para formar el núcleo sobre el que vendría el Espíritu Santo. Hombres que no eran cristianos se postraron sobre sus rostros y dijeron: "Verdaderamente Dios está entre nosotros" (1 Co. 14:25).

Yo afirmo que esto es lo que necesitamos hoy.

¿Cuál es la reacción del corazón limpio, amoroso? Es el impulso a encontrar este centro bendito en torno al cual giramos. No hay nada comparable a la vida del cristiano. Es la vida más maravillosa y deseable que podamos imaginar. El cristiano está rodeado por la poesía de la majestad y de la santidad divinas. La presencia de Dios susurra a lo íntimo del corazón del creyente, como lo hacía el arpa bajo los dedos de David. Es una vida rodeada por la presencia manifiesta de Dios.

Sin embargo, hoy día tenemos una idea distinta al respecto. Puedo decir sinceramente que vivimos la época del Dios ausente. Al menos, muchos miembros del pueblo de Dios actúan como si Él se hubiese ido de vacaciones. Y, en su mayor parte, esto no molesta realmente al cristiano medio, por la sencilla razón de que, si Dios no está presente de verdad, no nos exige demasiado. Muchos son casi como los empleados que se alegran de la ausencia de su jefe, sabiendo que podrán hacer lo que quieran a espaldas de su superior.

En ocasiones, cuando el cristiano medio necesita algo de Dios, empieza a buscarlo por todas partes. Si tienes que buscar a Dios, es que algo va mal. Dios no se ha perdido. Dios no está de vacaciones, Dios no está ausente de nuestras vidas. Si vivimos como si Dios no estuviera presente en nuestra vida, no vivimos el tipo de vida cristiana que Dios ha diseñado para nosotros.

Una de las aplicaciones más ridículas de esto se ve en el hecho de que hay grupos de cristianos que se reúnen como comité e intentan imaginar cómo hacer la obra de Dios. Amigo mío, la cruda realidad es que nadie puede hacer la obra de Dios. Solo Él puede hacer la obra de Dios y busca al cristiano humilde que ha cultivado hasta tal punto la presencia de Dios, que la obra de este fluye de forma natural en su vida. La presencia de Dios es hermosa y deseable para el corazón del creyente, que ha sido limpiado y siente amor.

La cualidad moral de la santidad

Luego tenemos la santidad de Dios. La santidad de Dios es su cualidad moral. Esto nos resulta un poco más familiar, un poco más comprensible y no tan espantoso para el alma. Como cristianos, nos sentimos atraídos por lo que es puro. La naturaleza de Dios es inefablemente pura, sin pecado ni mancha, inmaculada, perfecta y con una plenitud absoluta de la pureza, que las palabras no pueden expresar. Dios es santo; puedes estar seguro siempre de que Dios es justo. Puedes colocar esto como el fundamento último de todo lo que pienses sobre Dios: Dios es justo, es santo, es puro.

Recuerdo el impresionante pasaje de Salmos 22, referido al momento en que nuestro Señor Jesús estaba clavado en la cruz. Su familia le había abandonado. Sus discípulos habían huido.

Su propio pueblo le había condenado a muerte. Los romanos lo habían ejecutado oficialmente. Fue crucificado, rechazado por los hombres, y murió, el Justo por los injustos, para llevarnos de vuelta a Dios. En aquella hora terrible, cuando los toros de Basán se reunían en torno a Él, cuando su lengua se pegó a su paladar, sus huesos fueron descoyuntados y su vida se derramó como agua, ¿qué podía hacer?

¿Podía convertirse en ateo allá en la cruz? ¿Podía empezar a condenar a Dios diciendo "No creo que exista un Dios que permita esto"? No. En la cruz hizo esa obra terrible, maravillosa, solitaria y hermosa. Levantó su voz y dijo: "Padre, en tus manos encomiendo mi espíritu" (Lc. 23:46). Admitió que "tú eres santo, tú que habitas entre las alabanzas de Israel" (Sal. 22:3). Si le hacían pedazos, si pisoteaban su cuerpo en tierra, aunque le sometieran a todas las torturas que ha ideado la humanidad, aun así sabía una cosa: que Dios es santo y no puede ser otra cosa. Aquí, no en Juan 3:16, hallamos la columna central sobre la que se asienta el cristianismo. Dios es santo, y todo lo que hace, y todas las cosas hermosas del Nuevo Testamento, nacen de la gran fuente de esta verdad: que Dios es santo.

La naturaleza de Dios es inefablemente pura y esto ha afectado a los hombres. Impulsó a Pedro a una confesión rápida: "Apártate de mí, Señor, porque soy hombre pecador" (Lc. 5:8). Isaías exclamó: "¡Ay de mí! que soy muerto; porque siendo hombre inmundo de labios... han visto mis ojos al Rey" (Is. 6:5). Es este tipo de santidad, la cualidad moral, la que opta por morir antes que hacer el mal. Está preestablecido que seamos justos porque Dios es justo, y santos porque Dios es santo. Esto es lo que debemos perseguir, conocer, buscar y meditar en lo divino.

Hoy día llevan a la pobre Iglesia evangélica a los salones del mal llamado aprendizaje, y su cristianismo se mezcla y se ensucia con la antropología y la psicología. Ahora se usan ambas materias para diluir, rebajar y alterar el aspecto de la vida cristiana. Y también pueden explicar al pueblo de Dios, lo cual es el mayor insulto contra nosotros como creyentes. Cuando Dios vuelva a tener en el mundo un pueblo al que nadie pueda explicar, tendrá a un pueblo con poder.

D. L. Moody, el gran evangelista estadounidense, fue a una ciudad británica y visitó el Club de Ateos. Moody carecía de una educación formal; se convirtió siendo un chico que rondaba por las calles de Boston. Anunció que iba a predicar a los ateos, y todos pensaron que era una broma. El presidente del club y otros miembros, los oficiales y sus miembros, se presentaron allí aquella noche. Moody tomó como texto base un versículo que no creo que entendiera. No he conocido a nadie que lo entienda de verdad, pero él lo usó: "Porque la roca de ellos no es como nuestra Roca, y aun nuestros enemigos son de ello jueces" (Dt. 32:31). No estoy seguro de lo que quiere decir esto realmente, pero Moody predicó basándose en este versículo.

Así es cómo aplicó este pasaje: "La roca sobre la que descansan ustedes no es como nuestra Roca, y dejamos que ustedes sean los jueces. Su pequeña roca, su piedra caliza sobre la que se asientan como un sapo en una charca, acabará deshaciéndose; pero nuestra Roca no es como la suya. Nuestra Roca permanecerá, pues es la Roca de la eternidad. Ahora juzguen ustedes".

No creo que yo hubiera podido sacar esto de ese versículo, pero Moody sí. Cuando hizo la invitación a aceptar al Señor, el presidente del Club de Ateos, al que nadie había convencido pero que se había visto cautivado por la presencia del Dios misterioso y terrible en medio de ellos, fue a la sala reservada. Y en cuanto tomó la iniciativa, los otros fueron tras él y todo el club se convirtió, se disgregó y desapareció. Los psicólogos no pueden explicar esto; fue la mano de Dios.

La gente no deja de hablar de criaturas de otros lugares, de seres extraterrestres que invaden nuestro planeta. Lo que necesitamos es que haya criaturas de otros mundos nacidas en el nuestro, pero cuya ciudadanía está en el cielo. Todos sus pensamientos están en el cielo. Sus esperanzas y su poder están allí. Cuando nacieron de nuevo, se convirtieron en criaturas de otro mundo. Esto es lo que necesitamos, y hará mucho más que todos nuestros otros intentos de explicar por medio de la psicología qué pasa cuando una persona se convierte. Si puedes explicarlo, es que no se ha convertido. El cristianismo es un milagro perpetuo. Es un milagro que se perpetúa a sí mismo, una maravilla y un misterio constantes. Sin embargo, caminamos cuerdamente en medio del milagro, con los pies puestos en el suelo.

Si alguien rechaza esto, no es de Dios. De igual manera que un bebé que nace en el mundo quiere alimentos y emitirá ruiditos graciosos, y llorará pidiendo comida hasta que se la den, un hombre nacido en el reino de Dios nace con el instinto de buscar la santidad; y, si no lo tiene, no ha nacido de nuevo. Una persona puede tener un trasfondo teológico que le haga mostrar precavido frente a la Palabra porque a lo mejor se ha quemado los dedos, pero si no desea ser santo, dudo que haya nacido de nuevo.

Jesús, tu amor victorioso
Charles Wesley (1707-1788)

Jesús, tu amor victorioso
derrama en mi corazón;
para que mis pies no vaguen,
y estén bien firmes en Dios.

Que en mi vida el fuego santo
sus ascuas extienda ya;

que arda el deseo mundano
y fluyan del monte las aguas.

¡Que el cielo envíe sus rayos
y mis pecados consuma!
¡Te clamo, Espíritu Santo,
Espíritu de fuego, ven!

Que tu fuego que ilumina
mi corazón purifique;
que tu vida en mí se extienda
y todo mi ser santifique.

15

La vida oculta de la fe

*Y cuando pase mi gloria, yo te pondré en una hendidura de
la peña, y te cubriré con mi mano hasta que haya pasado.*
Éxodo 33:22

Este versículo describe una de las escenas más encantadoras y
hermosas que se encuentran en toda la Biblia. No diría que es un
tipo de nada, pero sí que es una ilustración maravillosamente
bella. No es tanto que nos predique sino que nos canta, canta el
himno de la vida oculta. Es la vida oculta de la fe, el cántico de
Moisés, que encontró refugio en la roca partida.

El oráculo del evangelio tiene determinados resultados claros. El fundamento de esos resultados es la fe en Dios. Justo aquí
es donde muchos tropiezan. No es que no creamos en la fe, sino
más bien que le hemos quitado tanta importancia que ya no es
una doctrina válida entre muchos cristianos. Algunos creen que
la fe es simplemente una conclusión sacada de los hechos. Toda
fe que alcancemos por nuestra cuenta no es una fe bíblica.

A menos que entendamos que la fe bíblica es la impartición
del Espíritu Santo al corazón creyente y obediente, no servirá de
nada. El mero hecho de que algo se afirme en las Escrituras no
lo vuelve una realidad en mi corazón. Todo el mundo puede hilvanar una serie de pasajes bíblicos y luego sacar una conclusión
que forme parte de nuestra vida. Puede ser, pero, a menos que el

Espíritu Santo obre en nuestro corazón arrepentido, esos versículos no son más que una serie de pasajes bíblicos.

Para el ser humano, la fe en el oráculo del evangelio es un don de Dios, la capacidad espiritual del hombre penitente de confiar en Cristo por mediación del Espíritu Santo, y esta fe no se otorga a ningún otro tipo de personas. Esta fe impartida penetra de inmediato en un reino inmortal. El hombre de fe acude al reino de Dios y se une a un círculo selecto, los elegidos. No es ese círculo ecuménico del que tanto oímos hablar. Es más que eso. Son los elegidos, el reino de Dios. Y cuando una persona entra en el reino, se convierte en lo que yo llamo "el hombre oculto de Dios". "Yo te pondré en una hendidura de la peña", dijo Dios, "y te cubriré" (Éx 33:22).

Déjame que exponga algunos rasgos de este hombre de fe.

El hombre protegido por Dios

Lo primero que podría decir es que se trata de una persona protegida por Dios. Soy consciente de que muchas personas han enseñado mal este concepto. Este hombre protegido por Dios vive en el centro de un milagro y se convierte, en un sentido real, en un auténtico místico bíblico. Siente que todo el mundo es suyo y sintoniza con él.

Para el hombre protegido por Dios nada en este mundo puede de ninguna manera comprometer su vida. Aunque se dispongan contra él todas las puertas del infierno, siente una tranquilidad que le hace superar todas las circunstancias hostiles. Lee las vidas de los santos. Lee las vidas de aquellos que padecieron el martirio por amor a Cristo. Aunque vivieron en unas circunstancias tan hostiles que les costaron la vida, vivían en el centro de un milagro que nada externo podría tocar jamás.

Se encuentre donde se encuentre un cristiano, y sean cuales fueren sus circunstancias, nada puede tocarle. En el Antiguo

LA VIDA OCULTA DE LA FE

Testamento, Job era un hombre protegido por Dios. Cuando Satán quiso tocar a Job, se quejó a Dios diciendo: "¿No le has cercado alrededor a él y a su casa y a todo lo que tiene? Al trabajo de sus manos has dado bendición; por tanto, sus bienes han aumentado sobre la tierra" (Job 1:10).

Este hombre protegido por Dios ve el milagro donde todos lo demás no lo ven. Ve la confrontación de las leyes de la naturaleza, la materia y la forma; el verdadero hijo de Dios ve el milagro. Cuando una persona insiste en ver a Dios en un grano de arena y en escuchar la voz de Dios en el susurro del viento o en el rugido de la tormenta no es un síntoma de senilidad ni de que tiene una mente trastornada.

Recuerda que dijeron de Jesús que su hora aún no había llegado. Podían herirle mientras caminaba entre ellos, porque su hora todavía no había llegado. Era un hombre protegido por Dios.

El Antiguo Testamento está repleto de ejemplos de vidas protegidas por Dios. Nombra a alguno de los profetas y descubrirás que vivieron vidas protegidas por Dios.

Elías es un ejemplo. Justo cuando el rey pensaba que lo tenía rodeado, Elías desapareció. El rey solo pudo atrapar a Elías cuando Dios lo decidió. Y lo más hermoso de todo esto es que Elías también lo sabía. Vivió una vida protegida por Dios en medio de la hostilidad. Daba igual si se enfrentaba a la ira del rey o estaba junto a un arroyo que acababa de secarse; Elías no temía mal alguno, porque Dios estaba con él.

¿Y qué hay de David? Antes de subir al trono fue perseguido como un animal por el rey Saúl. Lo que no entendía el rey Saúl era que David vivía una vida protegida por Dios. Daba igual lo mucho que se acercase Saúl a capturar a David: nunca podía tocarle. Las historias que rodean la vida de David en esta época son impresionantes. Sin importar dónde estuviera David: mientras estuviese donde Dios quería, nadie podía tocarle. Fue David quien escribió: "Aunque ande en valle de sombra de muerte, no temeré mal alguno, porque tú estarás conmigo; tu vara y tu cayado me infundirán aliento" (Sal. 23:4).

Daniel fue otro ejemplo de un hombre protegido por Dios. Aun cuando toda la corte estaba en su contra, nunca tuvo miedo ni renunció a su caminar con Dios. Cuando le juzgaron y le sentenciaron al foso de los leones, Daniel comprendió que entre él y todos aquellos leones feroces estaba el Dios a quien servía. Frente a los leones, Daniel mantuvo un corazón sereno porque entendía lo que significaba vivir una vida protegida por Dios.

Dispongo de muchos ejemplos sacados de la historia de la Iglesia que podría aducir como prueba de la realidad de esa vida protegida por Dios. Si un hombre obedece a Dios, no puede morir hasta que acabe su obra. Es un hombre protegido por Dios. Ahora bien, si ese hombre se sale del camino y se mete entre los lobos por voluntad propia, entonces no tengo esperanzas de que cumpla la voluntad de Dios. Pero si obedece y va adonde Dios le envíe, es un hombre a salvo hasta que esté listo para morir; ¿y quién querría vivir aunque fueran cinco minutos después de que el Señor le diga "Ven conmigo"?

El hombre defendido por Dios

Este hombre de fe no solo tiene una vida que está protegida por Dios, sino que Dios le defiende.

Moisés es un buen ejemplo de esto. Cuando él tenía un problema con el pueblo de Israel o alguien le perseguía, la Biblia dice con un lenguaje solemne: "Cuando Moisés entraba en el tabernáculo, la columna de nube descendía y se ponía a la puerta del tabernáculo, y Jehová hablaba con Moisés" (Éx. 33:9). Moisés estaba protegido, y los hombres y mujeres furiosos y con ganas de matarlo tenían que retroceder. Cuando el leñador hace una fogata grande y luminosa, se pueden ver los ojos de los depredadores que brillan en la oscuridad, pero ninguno se atreve a entrar en el círculo de luz.

Las Escrituras están llenas de este tipo de advertencias: "Ninguna arma forjada contra ti prosperará, y condenarás toda lengua que se levante contra ti en juicio. Esta es la herencia de los siervos de Jehová, y su salvación de mí vendrá, dijo Jehová" (Is. 54:17). Si hay una lengua que se levanta contra ti, ¿dice la verdad? El Señor no condenará esa lengua; pero si es mentirosa, el Señor la condenará. Dice: "Yo iré delante de ti".

Uno de los mayores predicadores que he escuchado en mi vida venía del sur, de Carolina del Norte, y se llamaba L. D. Compton. Si las experiencias de este hombre se escribieran con el lenguaje lento y majestuoso de la versión *King James*, podrían malinterpretarse como un capítulo perdido sacado del Nuevo Testamento. En cierta ocasión, un rico habitante de una ciudad le llevó a juicio por algo que él no había hecho, pero aquel hombre adinerado contaba con ciertas influencias. La gente le preguntaba: "¿Por qué no reúne a sus testigos y hace algo al respecto?". Lo único que él respondía era: "No puedo, Dios no me lo permite. Lo único que me deja hacer es orar". Así que oró hasta el último momento.

El día antes de que se celebrase el juicio en el tribunal, y cuando todo el mundo sabía que un pobre predicador no tenía ninguna posibilidad frente a un ciudadano influyente que le había acusado, el hombre de Dios esperaba ante Él sumido en una oración santa. Y llegó el día del juicio. Unas horas antes de que este empezara, el predicador recibió una llamada: "Por favor, venga a orar por un hombre que está desesperadamente enfermo".

Se apresuró a acudir y, como puedes imaginar, el enfermo era quien le había puesto la denuncia. El predicador se arrodilló junto a su cama y oró para que el hombre fuera sano, y aquel hombre se curó en el acto. El rico se levantó, retiró la denuncia y todo el mundo dijo: "¿Qué ha hecho Dios?".

Cuando un hombre se defiende a sí mismo, solo cuenta consigo mismo para defenderse. Pero el hombre que permite que Dios le defienda, tiene a su disposición todos los recursos del cielo.

Cuando una persona pertenece a este círculo protegido por Dios, también cuenta con la defensa del Señor.

El hombre enseñado por Dios

En 1 Corintios 2:7, Pablo dice: "Mas hablamos sabiduría de Dios en misterio, la sabiduría oculta, la cual Dios predestinó antes de los siglos para nuestra gloria". Déjame que ilustre esta idea con un testimonio que escuché una vez de un buen hermano llamado Olson, un hombre que no tenía muchos estudios pero era profundamente espiritual. Siendo un joven predicador desempeñó un ministerio radiofónico en la emisora local. Un día recibió una llamada: "¿Podría venir a tal y tal lugar, a las afueras de la ciudad, y reunirse con nosotros?".

Así que, sin pensárselo dos veces, tomó su guitarra, sus himnarios y a un amigo y acudieron donde se suponía que se iba a celebrar la reunión. El patio estaba lleno de coches y la casa de gente. Los asistentes estaban sentados en sillas y, cuando entró, le miraron como si fuera un desconocido. Pero Dios le había enviado, de modo que distribuyó los himnarios, afinó su guitarra y comenzó a cantar.

Luego pidió a su amigo que diera testimonio, lo cual hizo. Luego pronunció un sólido sermón sobre el evangelio. Hizo el llamamiento al altar y todo el mundo se puso de rodillas y comenzó a orar, y muchos de ellos encontraron a Cristo. Mientras guardaba sus himnarios y comenzaba a dirigirse al coche, alguien salió corriendo y le dijo: "¡Hermano Olson! Vuelva y ore por mi hermana enferma". El hermano Olson dijo: "¿Usted y su hermana son salvos?". Cuando le dijeron que no, respondió: "Pues lo serán antes de que ore para que ella se cure".

LA VIDA OCULTA DE LA FE

Les llevó a Cristo y, por lo que él sabía, un gran número de quienes se salvaron aquel día seguían caminando con Dios años más tarde. Cuando se fue sano y salvo de aquella casa, y se dieron a conocer las circunstancias, descubrió que se había equivocado de lugar; aquella era una reunión familiar del clan Nelson, y nadie le esperaba.

Eso es lo que quiero decir con "un hombre enseñado por Dios". Ahí tenemos a un hombre de corazón sencillo, que no distinguía entre la raíz de una palabra griega y una raíz de ginseng, pero sí conocía la voz de Dios cuando la oía. El Señor había cumplido su propósito con un hombre que era lo bastante sencillo como para escuchar hablar a Dios y ministrar a su corazón. Un hombre oculto es sin duda una persona a la que Dios ha enseñado, porque está impulsado por un tipo de instinto espiritual, si es un hombre de oración.

Hace poco leí la historia de una perrita que llevaba tiempo en un determinado lugar y todos la querían, pero sucedió algo que hizo que tuvieran que venderla. La llevaron al otro lado del continente, a 5.000 km, y se olvidaron del tema. Veintiún días más tarde entró cojeando en la casa de origen, con las plantas de las patas sangrando; la perra no era más que piel y huesos. Pero apoyó el hocico en el umbral, levantó la vista y gimoteó. Había vuelto a casa. ¿Cómo encontró el camino de vuelta por carreteras desconocidas a lo largo de miles de kilómetros? Nadie nos lo puede decir.

En Rusia, cuando un hombre se pierde, no intenta encontrar el camino a casa. En lugar de eso, le habla a su caballo, suelta las riendas y se abriga contra la tormenta, y el caballo encuentra el camino a casa. De la misma manera, la golondrina encuentra el camino de vuelta desde San Juan Capistrano, y nadie sabe cómo lo hace. Hay un instinto espiritual que es así. Te sientes confuso, te devanas la mente pero no encuentras nada, no suenan campanillas. Tomas una decisión y, al cabo de pocos años, descubres que fue acertada. ¿Por qué hiciste lo correcto? Hay un misterio oculto, que está ordenado desde antes de la fundación del mundo.

Dios habla y hay una sabiduría misteriosa que se mueve entre los hombres, y Dios dice: "Si no van por el buen camino, morirán en las zarzas". Cuando Dios empieza a darnos vida de nuevo, y si el Señor nos permite vivir un poco más y seguir adelante, creo que llegará el día en que nos alejaremos de Hollywood y del severo dispensacionalismo y volveremos a la vida protegida, llena del Espíritu, la vida bendecida por Dios.

El hombre alimentado por Dios

Un aspecto importante de este hombre de fe es que Dios lo alimenta. "El que tiene oído, oiga lo que el Espíritu dice a las iglesias. Al que venciere, daré a comer del maná escondido, y le daré una piedrecita blanca, y en la piedrecita escrito un nombre nuevo, el cual ninguno conoce sino aquel que lo recibe" (Ap. 2:17).

Este hombre sustentado por Dios depende por completo del Espíritu Santo para nutrirse y fortalecerse. Se alimenta regularmente con el "maná escondido" que le ofrece Dios. ¿Recuerdas a Elías junto al arroyo, donde los cuervos acudían cada día para alimentarle? Entonces, cuando el arroyo se secó debido a la sequía, Dios le envió a una viuda que no sabía que contaba con los medios para alimentarse a sí misma y a su hijo, y mucho menos a nadie más. Sin embargo, Dios la había elegido para dar de comer a Elías.

Hoy necesitamos ese "maná escondido" si queremos tener las fuerzas para hacer lo que Dios quiere que hagamos. Pero ese "maná escondido" solo lo recibe la persona que está donde Dios quiere que esté. Si Elías se hubiera quedado junto al arroyo, habría muerto de hambre. Pero, al ser obediente, fue donde Dios quiso que fuera y Dios le dio de comer.

El hombre a quien Dios da privilegios

El hombre de fe es un hombre misterioso, que vive bajo la mano de Dios y tiene una vida demasiado pura como para que la analice la carne. Ni todos los psiquiatras y psicólogos del mundo juntos pueden describir o comprender a ese hombre de fe. Quizá entiendan la mente y cómo funciona, pero nunca entenderán cómo el espíritu, habitado por el Espíritu Santo, obra y se mueve en este mundo nuestro. No pueden analizar al hombre de fe, porque este vive en el misterio.

El hombre a quien Dios concede privilegios camina en el misterio, incluso para sí mismo. Para ese hombre la razón no es el rey. A menudo el hombre de fe se verá impulsado a hacer cosas que, a primera vista, no parecen muy razonables. Pero el camino de la fe nos aporta un aura de misterio y de deleite en la presencia de Dios.

El hombre a quien Dios enriquece

En Isaías 45:3, el profeta escribe: "y te daré los tesoros escondidos, y los secretos muy guardados, para que sepas que yo soy Jehová, el Dios de Israel, que te pongo nombre". Si Shakespeare hubiera escrito esto, habría dicho: "los tesoros revelados". ¿Quién podría pensar en los tesoros muy guardados? Fue Dios quien lo pensó. Sin duda, las maneras que tiene Dios de enriquecer a un hombre no son las que imagina el ser humano. Dios dice: "Te enriqueceré con lo oculto y con los problemas que te acosarán".

Sin duda, la idea que tiene Dios de la bendición no es la nuestra. Las maneras en que Dios trae bendiciones sobre nuestras cabezas no son para nada las que nosotros elegiríamos. A menudo, Dios esconde su bendición en los problemas o las pruebas, lo cual hace que sea aun más dulce cuando se cruza en nuestro camino.

Los tres jóvenes hebreos (Sadrac, Mesac y Abed-nego) nunca imaginaron que en el horno de Nabucodonosor encontrarían la bendición de Dios. Daniel halló la bendición de Dios en el foso de los leones. Todos los hombres y las mujeres de fe sobre quienes lees en las Escrituras encontraron la bendición de Dios en las pruebas y dificultades de la vida.

Esos hombres y mujeres de fe no fueron perfectos, por mucha imaginación que tengamos. No se centraban en ser perfectos, sino más bien en ser obedientes. Por medio de la obediencia, el hombre o la mujer de fe llegarán a ese lugar misterioso y maravilloso que es la bendición de Dios.

Castillo fuerte es nuestro Dios
Martín Lutero (1483-1546)

Castillo fuerte es nuestro Dios, defensa y buen escudo.
Con su poder nos librará en todo trance agudo.
Con furia y con afán, acósanos Satán:
por armas deja ver, astucia y gran poder;
cual él no hay en la tierra.

Nuestro valor es nada aquí, con él todo es perdido;
mas con nosotros luchará de Dios el escogido.
Es nuestro Rey Jesús, el que venció en la cruz,
Señor y Salvador, y siendo Él solo Dios,
Él triunfa en la batalla.

Y si demonios mil están prontos a devorarnos,
no temeremos, porque Dios sabrá cómo ampararnos.
¡Que muestre su vigor, Satán y su furor!

172

Dañarnos no podrá, pues condenado es ya
por la Palabra santa.

Esa palabra del Señor, que el mundo no apetece,
por el Espíritu de Dios muy firme permanece.
Nos pueden despojar de bienes, nombre, hogar,
el cuerpo destruir, mas siempre ha de existir
de Dios el Reino eterno.

(Trad. Juan B. Cabrera)

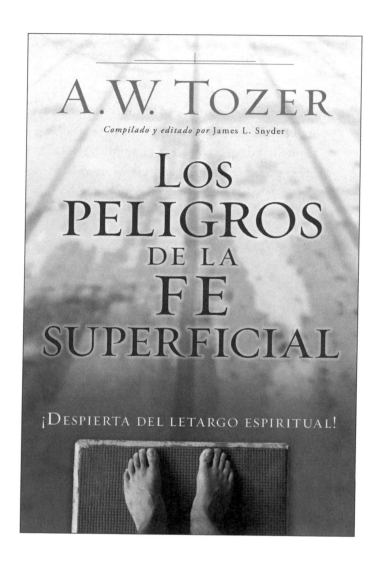

A.W. TOZER

Compilado y editado por James L. Snyder

LOS
PELIGROS
DE LA
FE
SUPERFICIAL

¡DESPIERTA DEL LETARGO ESPIRITUAL!

A. W. Tozer dijo: "El peligro se acerca a la vida cristiana desde tres frentes: el mundo en el que vivimos, el dios de este mundo y nuestra carne corrompida". Tozer centra la atención en esos pocos creyentes que prestarán atención al llamado a despertarse en medio de la gran tentación al mal que los rodea y confiarán en que Dios siempre obra cuando hay uno o dos que escuchan su voz y se niegan a cansarse en su búsqueda de Él.

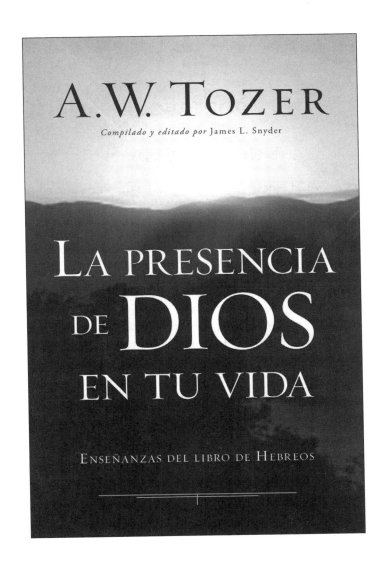

A.W. TOZER

Compilado y editado por James L. Snyder

LA PRESENCIA DE DIOS EN TU VIDA

ENSEÑANZAS DEL LIBRO DE HEBREOS

Esta es una colección nunca antes publicada de las enseñanzas del libro de Hebreos, adaptadas de los sermones predicados por Tozer.

Este pastor y maestro de renombre examina en las páginas de este libro lo que significa vivir en la presencia de Dios. Únete a él para explorar el repaso histórico presentado en esta epístola, y verás tus propias luchas retratadas en las "historias de héroes" relatadas en ella. Por medio de la enseñanza y los comentarios perspicaces de Tozer, esta antigua carta invita a los creyentes de hoy a entender y experimentar la presencia de Dios en su vida.

EDITORIAL
PORTAVOZ

NUESTRA VISIÓN

Maximizar el efecto de recursos cristianos de calidad que transforman vidas.

NUESTRA MISIÓN

Desarrollar y distribuir productos de calidad —con integridad y excelencia—, desde una perspectiva bíblica y confiable, que animen a las personas a conocer y servir a Jesucristo.

NUESTROS VALORES

Nuestros valores se encuentran fundamentados en la Biblia, fuente de toda verdad para hoy y para siempre. Nosotros ponemos en práctica estas verdades bíblicas como fundamento para las decisiones, normas y productos de nuestra compañía.

Valoramos la excelencia y la calidad
Valoramos la integridad y la confianza
Valoramos el mérito y la dignidad de los individuos
   y las relaciones
Valoramos el servicio
Valoramos la administración de los recursos

Para más información acerca de nuestra editorial y los productos que publicamos visite nuestra página en la red: www.portavoz.com